プリント形式のリアル過去問で本番の臨場感！

宮崎県

宮崎第一高等学校

普通科・国際マルチメディア科・電気科

2025年春受験用

解答集

本書は，実物をなるべくそのままに，プリント形式で年度ごとに収録しています。
問題用紙を教科別に分けて使うことができるので，本番さながらの演習ができます。

■ 収録内容

・解答集（この冊子です）

書籍ＩＤ番号，この問題集の使い方，最新年度実物データ，リアル過去問の活用，
解答例と解説，ご使用にあたってのお願い・ご注意，お問い合わせ

・2024（令和６）年度 ～ 2022（令和４）年度　学力検査問題

JN132578

○は収録あり	年度	'24	'23	'22		
■ 問題※		○	○	○		
■ 解答用紙		○	○	○		
■ 配点						

解答はありますが
解説はありません

◎文理科は別冊で販売中
※普通科・国際マルチメディア科・電気科共通問題
注）国語問題文非掲載：2024年度の一

問題文の非掲載につきまして

著作権上の都合により，本書に収録している過去入試問題の本文の一部を掲載しておりません。ご不便をおかけし，誠に申し訳ございません。
本文の一部を掲載できなかったことによる国語の演習不足を補うため，論説文および小説文の演習問題のダウンロード付録があります。弊社ウェブサイトから書籍ＩＤ番号を入力してご利用ください。
なお，問題の量，形式，難易度などの傾向が，実際の入試問題と一致しない場合があります。

教英出版

■　書籍ＩＤ番号

入試に役立つダウンロード付録や学校情報などを随時更新して掲載しています。
教英出版ウェブサイトの「ご購入者様のページ」画面で，書籍ＩＤ番号を入力してご利用ください。

書籍ＩＤ番号　106345

（有効期限：2025年9月30日まで）

【入試に役立つダウンロード付録】
「ラストチェックテスト(標準／ハイレベル)」
「高校合格への道」

■　この問題集の使い方

年度ごとにプリント形式で収録しています。針を外して教科ごとに分けて使用します。①片側，②中央のどちらかでとじてありますので，下図を参考に，問題用紙と解答用紙に分けて準備をしましょう（解答用紙がない場合もあります）。

針を外すときは，けがをしないように十分注意してください。また，針を外すと紛失しやすくなりますので気をつけましょう。

① 片側でとじてあるもの

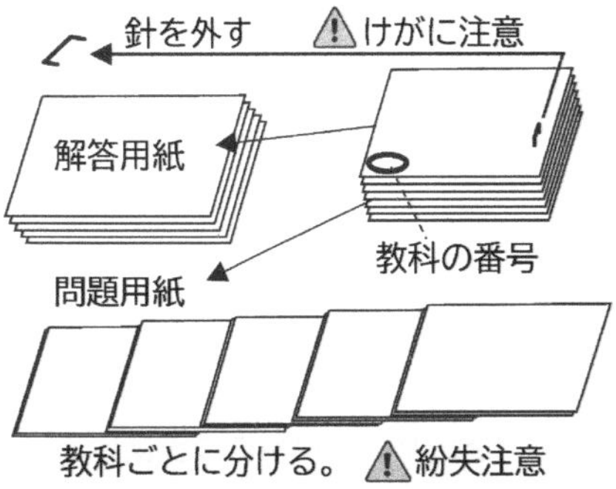

② 中央でとじてあるもの

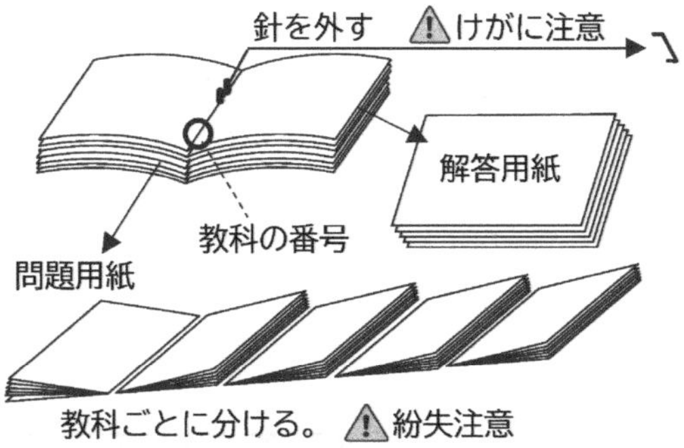

※教科数が上図と異なる場合があります。
解答用紙がない場合や，問題と一体になっている場合があります。
教科の番号は，教科ごとに分けるときの参考にしてください。

■　最新年度 実物データ

実物をなるべくそのままに編集していますが，収録の都合上，実際の試験問題とは異なる場合があります。実物のサイズ，様式は右表で確認してください。

問題用紙	Ａ４冊子(二つ折り)
解答用紙	Ａ３片面プリント

リアル過去問の活用

～リアル過去問なら入試本番で力を発揮することができる～

本番を体験しよう！

問題用紙の形式（縦向き／横向き），問題の配置や余白など，実物に近い紙面構成なので本番の臨場感が味わえます。まずはパラパラとめくって眺めてみてください。「これが志望校の入試問題なんだ！」と思えば入試に向けて気持ちが高まることでしょう。

入試を知ろう！

同じ教科の過去数年分の問題紙面を並べて，見比べてみましょう。

① 問題の量

毎年同じ大問数か，年によって違うのか，また全体の問題量はどのくらいか知っておきましょう。どのくらいのスピードで解けば時間内に終わるのか，大問ひとつにかけられる時間を計算してみましょう。

② 出題分野

よく出題されている分野とそうでない分野を見つけましょう。同じような問題が過去にも出題されていることに気がつくはずです。

③ 出題順序

得意な分野が毎年同じ大問番号で出題されていると分かれば，本番で取りこぼさないように先回りして解答することができるでしょう。

④ 解答方法

記述式か選択式か（マークシートか），見ておきましょう。記述式なら，単位まで書く必要があるかどうか，文字数はどのくらいかなど，細かいところまでチェックしておきましょう。計算過程を書く必要があるかどうかも重要です。

⑤ 問題の難易度

必ず正解したい基本問題，条件や指示の読み間違いといったケアレスミスに気をつけたい問題，後回しにしたほうがいい問題などをチェックしておきましょう。

問題を解こう！

志望校の入試傾向をつかんだら，問題を何度も解いていきましょう。ほかにも問題文の独特な言いまわしや，その学校独自の答え方を発見できることもあるでしょう。オリンピックや環境問題など，話題になった出来事を毎年出題する学校だと分かれば，日頃のニュースの見かたも変わってきます。

こうして志望校の入試傾向を知り対策を立てることこそが，過去問を解く最大の理由なのです。

実力を知ろう！

過去問を解くにあたって，得点はそれほど重要ではありません。大切なのは，志望校の過去問演習を通して，苦手な教科，苦手な分野を知ることです。苦手な教科，分野が分かったら，教科書や参考書に戻って重点的に学習する時間をつくりましょう。今の自分の実力を知れば，入試本番までの勉強の道すじが見えてきます。

試験に慣れよう！

入試では時間配分も重要です。本番で時間が足りなくなってあわてないように，リアル過去問で実戦演習をして，時間配分や出題パターンに慣れておきましょう。教科ごとに気持ちを切り替える練習もしておきましょう。

心を整えよう！

入試は誰でも緊張するものです。入試前日になったら，演習をやり尽くしたリアル過去問の表紙を眺めてみましょう。問題の内容を見る必要はもうありません。どんな形式だったかな？受験番号や氏名はどこに書くのかな？…ほんの少し見ておくだけでも，志望校の入試に向けて心の準備が整うことでしょう。

そして入試本番では，見慣れた問題紙面が緊張した心を落ち着かせてくれるはずです。

※まれに入試形式を変更する学校もありますが，条件はほかの受験生も同じです。心を整えてあせらずに問題に取りかかりましょう。

2024 解答例
令和６年度

宮崎第一高等学校
【普通科・国際マルチメディア科・電気科】

《国　語》

一 問一．㋐威嚇　㋑無駄　㋒証拠　㋓けいしゃ　㋔繁殖　　問二．A．エ　B．ウ　C．ア　D．イ

問三．弱／強　　問四．産んだ卵が転がっていかないよう少し地面をひっかいてつくったくぼみ。　　問五．イ

問六．巣の場所に応じて飛行に必要な筋肉を獲得していった　　問七．ウ

問八．卵やヒナを安全に育てられる空間を手に入れるため。

二 問一．㋐冒険　㋑履　㋒とら　㋓余裕　㋔忠告　　問二．ⓐア　ⓑウ　　問三．エ

問四．Ⅰ．自分が見つけた土星が正しいものかどうか　Ⅱ．緊張している

問五．コンテストが心から楽しいということ。　　問六．エ

三 問一．ⓐくわえて　ⓑかよう　　問二．ⓘア　ⓘⓘイ　ⓘⓘⓘイ　　問三．イ

問四．Ⅰ．自分を矢で射た侍に仕返しをする　Ⅱ．侍の家に火をつけようと思った　　問五．イ　　問六．ウ

《社　会》

1 (1)[番号／都県名]　ア．[①／群馬県]　イ．[⑥／神奈川県]　ウ．[⑦／千葉県]　エ．[③／埼玉県]　オ．[④／茨城県]　カ．[②／栃木県]　キ．[⑤／東京都]　(2)日光の社寺…B　富岡製糸場…D

(3)災害時のリスクを分散できること。／地方都市の繁栄を促進できること。などから１つ　(4)④

2 (1)①ミャンマー　②タイ　③ベトナム　④マレーシア　⑤インドネシア　⑥フィリピン　(2)ＡＳＥＡＮ

(3)中国の賃金が上昇していることから，賃金の安いベトナムやバングラデシュに移転して，生産コストを削減するため。　(4)⑤

3 (1)卑弥呼　(2)２→４→１→３　(3)紀夫さんの考え…a　その根拠…イ〔別解〕紀夫さんの考え…b　その根拠…エ　(4)意欲を失い，せっかく土地を開墾しても，またあれて　(5)娘を天皇のきさきにし，その子を次の天皇に立てることで勢力をのばしたから。　(6)エ

4 (1)徳川綱吉　(2)１．C　２．A　３．B　４．D　(3)理由…X　説明…a〔別解〕理由…Y　説明…c

(4)エ　(5)戦争名…日清戦争　条約名…下関条約　(6)ウ

5 (1)a，b，d　(2)b，d　(3)a，b，d　(4)多数決の原則に則らなくても当選してしまうしくみとなっているため民意が反映されず，投票行動につながらない。　(5)なぜ日本では，政治参加においてジェンダーギャップ指数が低いのか？／なぜアイスランドは，ジェンダー平等が実現しているのか？／なぜ日本において教育の分野でジェンダーギャップ指数が高いのか？

《数　学》

1 (1)$\frac{1}{3}$　(2)$20\sqrt{5}$　(3)$-2x$　(4)$3(x+3y)(x-3y)$　(5)$x=\frac{9\pm\sqrt{21}}{6}$

2 (1)①70，80　②0.16　(2)2　(3)$\frac{5}{18}$　(4)3200

3 (1)$y=x+4$　(2)(4，8)　(3)12　(4)(2，2)

4 (1)288　(2)$x+2$　(3)$x+12$　(4)499

5 (1)$\frac{12}{5}$　(2)$\frac{9}{5}$　(3)12π　(4)36π　(5)$\frac{48}{5}\pi$

《理　科》

1 (1)a．被子　b．双　c．離　d．減数分裂　e．9　f．18　g．AA　h．Aa　i．Aa　j．AA
k．2　(2)(i)3：2：3　(ii)5：3　(3)自家受粉を行わないようにするため

2 Ⅰ．(1)二次　(2)発熱　(3)蒸留〔別解〕分留　(4)4　(5)$Mg \rightarrow Mg^{2+} + 2e^-$　Ⅱ．(1)あ．電離　い．H^+　う．OH^-
え．H_2O　お．小さ　か．大き　(2)水溶液A…水酸化バリウム水溶液　水溶液B…硫酸
水溶液C…水酸化ナトリウム水溶液　(3)赤→無　(4)10　(5)(c)　(6)水溶液A

3 Ⅰ．(1)0.6　(2)0.06　(3)①6　②4　③4　(4)①3　②3.4　Ⅱ．(1)3　(2)S　(3)5　(4)2：1　(5)1：2

4 (1)エ　(2)図…1　a．石基　b．斑晶　(3)ウ　(4)安山岩　(5)①13　②74

《英　語》

1 (1)④　(2)②　(3)③　(4)③　(5)③　(6)②　(7)②　(8)①　(9)②　(10)②　(11)④　(12)④　(13)①
(14)①　(15)③

2 (1)ウ　(2)ア　(3)ウ　(4)エ　(5)ア

3 (1)hospital　(2)November　(3)musicians　(4)Olympic　(5)scientists　(6)shopping　(7)Tuesday　(8)forty
(9)plane〔別解〕airplane　(10)brought

4 (1)①ウ　②オ　③イ　④キ　(2)イ→ウ→ア

5 (1)do you know what this is　(2)Where／did／you／get／it　(3)can't／we　(4)ア　(5)ウ

6 (1)study／hard／every　(2)have／to／speak〔別解〕have／to／use　(3)cried／when／was

宮崎第一高等学校
【普通科・国際マルチメディア科・電気科】

《国　語》

一　問一．㋐根拠　㋑明確　㋒承知　㋓非難　㋔嫌　　問二．ⓐウ　ⓑア　ⓒエ
問三．A．ア　B．オ　C．イ　D．ウ　　問四．現在の生物～人間にある　　問五．生物種の絶滅は、世代間に大きな不公平を生むから。／種の絶滅は、文化や歴史の断絶につながるから。　　問六．ウ　　問七．ア

二　問一．㋐震　㋑拭　㋒歓声　㋓うず　㋔見舞　　問二．X．オ　Y．イ　　問三．①商工会館の中に入ることができたら、海が見える　②手術が失敗したら、アツシの目が見えなくなってしまう　　問四．エ　　問五．弟にもっときれいな景色をたくさん見せてやりたいと、手術の成功を強く願う気持ち。　　問六．イ

三　問一．ⓐいわく　ⓑかよう　　問二．世の中には自分よりも実力のある人がいくらでもいることを知っているから。
問三．ウ　　問四．エ　　問五．ア

《社　会》

1　(1)佐渡島　(2)B．c　C．b　D．a　E．d　(3)［符号／県名］　a．［イ／石川県］　b．［キ／愛知県］　c．［ケ／山梨県］　d．［ア／福井県］　e．［エ／新潟県］　(4)X

2　(1)A　(2)b　(3)Y

3　(1)［符号／国名］　a．［ク／アルゼンチン］　b．［カ／ボリビア］　c．［ウ／エクアドル］　d．［オ／ブラジル］　e．［キ／チリ］　(2)パナマ運河　(3)インカ文明　(4)c

4　(1)東アジア，東南アジアの経済発展と円安により，そういった国々からの観光客が増えた。　(2)日本への旅行の割安感が増え，日本の商品の購入を目的とする旅行客が増えると予想される。

5　(1)c　(2)d　(3)藤原道長　(4)c　(5)太政大臣

6　(1)d　(2)a　(3)c　(4)b

7　(1)c　(2)b　(3)小村寿太郎　(4)朝鮮　(5)イギリス

8　(1)a，b，e，c，f，d，g，h　(2)a．D　c．A　h．C　(3)b．A　g．E

9　(1)a，f　(2)b，f　(3)どんな問題か？…学校制服が性別によって限定されていること。　なぜ問題が起こるのか？…慣習やしきたりによって，男女の役割分担や求められる姿が人々の意識の中に形成され，偏見が生まれるから。　解決に向けてどうすればいいか？…男性はズボン，女性はスカートと限定するのではなく，私服着用を許可したり，制服を選択制にしたりするよう，学校に働きかける。　(4)b，d，e

10　(1)A．c　B．なし　C．a　D．なし　E．c　F．なし　(2)国民の政党への支持率が低いことが問題である。もっと国民のニーズに応じた政策を提言することが必要である。　(3)内閣総理大臣は直接国民が選出できないが，県知事は直接県民が選出できる。

《数　学》

1　(1) $\frac{7}{72}$　(2) $2\sqrt{3}$　(3) $4x^2+12x$　(4) $2(x-2)^2$　(5) ± 3

2　(1)階級…40〜60　最頻値…30　(2) $\angle x=70$　$\angle y=35$　(3) $\frac{3\pm\sqrt{13}}{2}$　(4)57

3　(1) $\frac{1}{2}$　(2) $y=x+4$　(3)12　(4)(2, 2)　(5) $y=4$

4　(1)10　(2)22　(3) $3x+1$　(4)20　(5)30

5　(1)(ア)①〔別解〕同位角　(イ)⑤〔別解〕２組の角がそれぞれ等しい　(2)4　(3) 128π　(4) 240π

《理　科》

1　Ⅰ. (1)①　(2)ウ　(3)⑤　(4)ウ　(5)③　(6)キ　Ⅱ. (1)外来　(2)エ　(3)裸子　(4)③　(5)合弁　(6)⑤　(7)イ

2　Ⅰ. (1)ＰＶＣ〔別解〕ＰＥＴ　(2)酸素　(3)２：１　(4)炭素　(5) $BaSO_4$　(6)二次電池

Ⅱ. (1)ウ　(2)イ　(3)イ　(4)エ　(5)オ　(6)イ

3　Ⅰ. (1)磁界　(2)Ｎ／Ｓ　(3)ア　(4)イ　(5)磁力の大きい磁石に変える／電流の値を大きくする　などから１つ

Ⅱ. (1)５　(2)Ｃ→Ｂ→Ａ　(3)①ア　②キ　(4)2.5　(5)下／２　(6)3.2

4　(1)ア. a　イ. b　ウ. d　エ. h　(2)右図　(3)Ａ. 6.3Ｘ　Ｂ. $\frac{7}{800}$Ｘ

(4)いつも地球に同じ面を向けている　(5)384000　(6)100

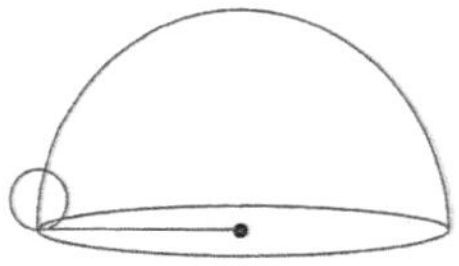

《英　語》

1　(1)③　(2)④　(3)①　(4)③　(5)③　(6)③　(7)②　(8)①　(9)①　(10)②　(11)③　(12)④　(13)①　(14)①　(15)①

2　(1)ア　(2)イ　(3)ウ　(4)ウ　(5)エ

3　(1)①　(2)①　(3)②　(4)③　(5)④

4　(1)right　(2)from　(3)believe　(4)affects　(5)fever　(6)taken〔別解〕stolen　(7)According　(8)consumed　(9)off　(10)corner

5　(1)エ　(2)ウ　(3)エ　(4)ウ，オ

6　(1)ア　(2)イ　(3)(A)ア　(B)カ　(4)エ

7　(1)can't／swim　(2)is／known

宮崎第一高等学校
【普通科・国際マルチメディア科・電気科】

《国　語》

一　問一．㋐鮮明　㋑躍動　㋒もう　㋓とな　㋔普及　　問二．ⓐエ　ⓑウ　　問三．A．エ　B．ア　C．ウ
問四．うそ、フィ～らせていく　　問五．「うそにきまっている」と思われるような仮説でも、それを確かめることによって、科学上の大発見が生まれることがあるから。　　問六．イ　　問七．うそに対する強い抑制心がありすぎる　　問八．エ

二　問一．㋐疾走　㋑やっかい　㋒加担　㋓収拾　㋔弧　　問二．ⓐウ　ⓑイ　　問三．イ　　問四．武藤が、末永をハメたことを顧問やキャプテンに自ら打ち明けることで、その件が解決するかもしれないという浅はかな考え。
問五．グーパーじゃんけんを終わらせたいという太二の意図。　　問六．エ

三　問一．ⓐおもうよう　ⓑよろず　　問二．ⅰア　ⅱア　ⅲイ　　問三．自分の声がすばらしいということ。
問四．ウ　　問五．ア

《社　会》

1　(1)ア．島根県　イ．鳥取県　ウ．岡山県　エ．香川県　オ．徳島県　カ．高知県　　(2)エ．③　カ．④
(3)厳島神社…F　石見銀山…B　　(4)③　　(5)晴天の日が多く，波が静かであるから。(下線部は降水量が少なくでもよい)

2　(1)②　　(2)③　　(3)B．④　C．②　　(4)④

3　(1)ア．③　イ．①　ウ．②　エ．⑤　オ．④　　(2)A．①　B．③　C．④　D．②
(3)イスラーム〔別解〕イスラム教　　(4)②　　(5)①

4　(1)③　　(2)③　　(3)④　　(4)③　　(5)墾田永年私財法　　(6)③　　(7)「魏志」倭人伝　　(8)②　　(9)武家諸法度
(10)②　　(11)(北条)政子　　(12)④　　(13)③　　(14)D→C→B→F→A→E

5　(1)ペリー　　(2)③　　(3)坂本龍馬　　(4)板垣退助　　(5)伊藤博文　　(6)④　　(7)小村寿太郎　　(8)②　　(9)③
(10)④

6　(1)A．内閣　B．国会　C．最高裁判所の長たる裁判官　D．出席　E．過半数　F．2／3　　(2)Ⅰ．10歳代・20歳代の投票率が低い点。　Ⅱ．プラスチックゴミの規制や代替製品に補助金を出す。　Ⅲ．④　Ⅳ．②　Ⅴ．②
Ⅵ．④

《数　学》

1　(1)10　　(2)$5a+2$　　(3)$3(3x+1)(3x-1)$　　(4)$-2-6\sqrt{2}$　　(5)$x=3$　$y=-2$

2　(1)(ア)5　(イ)④　　(2)(ア)$x-3$　(イ)39　　(3)25　　(4)3，12

3　(1)A$(-2,\ 4)$　B$(3,\ 9)$　　(2)$y=x+6$　　(3)15　　(4)$y=-2x+\frac{15}{2}$

4　(1)50　　(2)170　　(3)25　　(4)n^2+2n+2　　(5)23

5　(1)(ア)④　(イ)96π　　(2)(ア)$6\sqrt{2}$　(イ)144　　(3)$96\pi-144$

《理　科》

1　Ⅰ．(1)生殖法…有性生殖　生物…ヒドラ　(2)アブラナ　(3)分離　(4)ＤＮＡ　(5)Ａａ　(6)３：５
(7)ＡＡ×ＡＡ／ＡＡ×Ａａ／ＡＡ×ａａ　Ⅱ．(1)(あ)１：１　(い)２：１　(2)Ｂｂ：ｂｂ＝１：１
(3)ＢＢ：Ｂｂ：ｂｂ＝２：３：１

2　Ⅰ．(1)CO_2　(2)①エ　②イ　③ウ　(3)④ウ　⑤ア　(4)Ａ／赤
Ⅱ．(1)①イ　②イ　③ウ　(2)水素　(3)右グラフ　(4)ウ

3　Ⅰ．(1)25　(2)ア　(3)音の変化…大きくなる　波形…ウ　(4)340　(5)②，④
Ⅱ．(1)重力／弾性(の)力　(2)８　(3)３　(4)ばねＡ…イ　ばねＢ…ア　(5)Ｂ

4　Ⅰ．(1)ア　(2)ウ　(3)イ　(4)エ　Ⅱ．(1)イ　(2)ウ　(3)イ　(4)エ

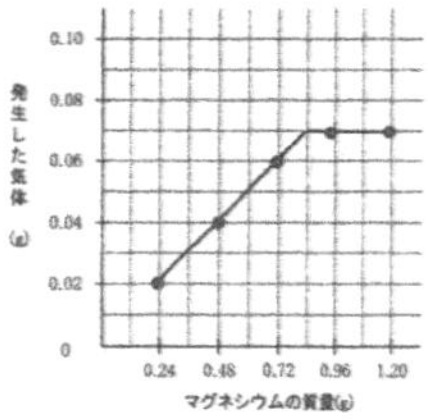

《英　語》

1　(1)②　(2)③　(3)②　(4)③　(5)②　(6)③　(7)①　(8)①　(9)①　(10)③　(11)③　(12)①　(13)④
(14)③　(15)②　(16)③　(17)①　(18)①　(19)③　(20)②

2　(1)ウ　(2)イ　(3)ア　(4)エ　(5)ア

3　(1)broke　(2)computer　(3)to　(4)convenience　(5)December　(6)been　(7)written　(8)is　(9)too
(10)fasten〔別解〕wear

4　(1)told　(2)when　(3)have　(4)gone　(5)taller

5　(1)④　(2)④

6　(1)①　(2)③　(3)②　(4)③　(5)父親がスーツケースのカギを持って来てくれて，飛行機に間に合ったから。

7　(1)Every／day／my　(2)old／piano／has　(3)You／can't／take〔別解〕Do／not／take

■ ご使用にあたってのお願い・ご注意

（1）問題文等の非掲載

著作権上の都合により，問題文や図表などの一部を掲載できない場合があります。

誠に申し訳ございませんが，ご了承くださいますようお願いいたします。

（2）過去問における時事性

過去問題集は，学習指導要領の改訂や社会状況の変化，新たな発見などにより，現在とは異なる表記や解説になっている場合があります。過去問の特性上，出題当時のままで出版していますので，あらかじめご了承ください。

（3）配点

学校等から配点が公表されている場合は，記載しています。公表されていない場合は，記載していません。

独自の予想配点は，出題者の意図と異なる場合があり，お客様が学習するうえで誤った判断をしてしまう恐れがあるため記載していません。

（4）無断複製等の禁止

購入された個人のお客様が，ご家庭でご自身またはご家族の学習のためにコピーをすることは可能ですが，それ以外の目的でコピー，スキャン，転載（ブログ，ＳＮＳなどでの公開を含みます）などをすることは法律により禁止されています。学校や学習塾などで，児童生徒のためにコピーをして使用することも法律により禁止されています。

ご不明な点や，違法な疑いのある行為を確認された場合は，弊社までご連絡ください。

（5）けがに注意

この問題集は針を外して使用します。針を外すときは，けがをしないように注意してください。また，表紙カバーや問題用紙の端で手指を傷つけないように十分注意してください。

（6）正誤

制作には万全を期しておりますが，万が一誤りなどがございましたら，弊社までご連絡ください。

なお，誤りが判明した場合は，弊社ウェブサイトの「ご購入者様のページ」に掲載しておりますので，そちらもご確認ください。

■ お問い合わせ

解答例，解説，印刷，製本など，問題集発行におけるすべての責任は弊社にあります。

ご不明な点がございましたら，弊社ウェブサイトの「お問い合わせ」フォームよりご連絡ください。迅速に対応いたしますが，営業日の都合で回答に数日を要する場合があります。

ご入力いただいたメールアドレス宛に自動返信メールをお送りしています。自動返信メールが届かない場合は，「よくある質問」の「メールの問い合わせに対し返信がありません。」の項目をご確認ください。

また弊社営業日（平日）は，午前９時から午後５時まで，電話でのお問い合わせも受け付けています。

2025 春

株式会社教英出版
〒422-8054　静岡県静岡市駿河区南安倍３丁目 12-28
TEL　054-288-2131　　FAX　054-288-2133
URL　https://kyoei-syuppan.net/
MAIL siteform@kyoei-syuppan.net

学校別問題集

北海道

①札幌北斗高等学校
②北星学園大学附属高等学校
③東海大学付属札幌高等学校
④立命館慶祥高等学校
⑤北海高等学校
⑥北見藤高等学校
⑦札幌光星高等学校
⑧函館ラ・サール高等学校
⑨札幌大谷高等学校
⑩北海道科学大学高等学校
⑪遺愛女子高等学校
⑫札幌龍谷学園高等学校
⑬札幌日本大学高等学校
⑭札幌第一高等学校
⑮旭川実業高等学校
⑯北海学園札幌高等学校

青森県

①八戸工業大学第二高等学校

宮城県

①聖和学園高等学校(A日程)
②聖和学園高等学校(B日程)
③東北学院高等学校(A日程)
④東北学院高等学校(B日程)
⑤仙台大学附属明成高等学校
⑥仙台城南高等学校
⑦東北学院榴ケ岡高等学校
⑧古川学園高等学校
⑨仙台育英学園高等学校(A日程)
⑩仙台育英学園高等学校(B日程)
⑪聖ウルスラ学院英智高等学校
⑫宮城学院高等学校
⑬東北生活文化大学高等学校
⑭東北高等学校
⑮常盤木学園高等学校
⑯仙台白百合学園高等学校
⑰尚絅学院高等学校(A日程)
⑱尚絅学院高等学校(B日程)

山形県

①日本大学山形高等学校
②惺山高等学校
③東北文教大学山形城北高等学校
④東海大学山形高等学校
⑤山形学院高等学校

福島県

①日本大学東北高等学校

新潟県

①中越高等学校
②新潟第一高等学校
③東京学館新潟高等学校
④日本文理高等学校
⑤新潟青陵高等学校
⑥帝京長岡高等学校
⑦北越高等学校
⑧新潟明訓高等学校

富山県

①高岡第一高等学校
②富山第一高等学校

石川県

①金沢高等学校
②金沢学院大学附属高等学校
③遊学館高等学校
④星稜高等学校
⑤鵬学園高等学校

山梨県

①駿台甲府高等学校
②山梨学院高等学校(特進)
③山梨学院高等学校(進学)
④山梨英和高等学校

岐阜県

①鶯谷高等学校
②富田高等学校
③岐阜東高等学校
④岐阜聖徳学園高等学校
⑤大垣日本大学高等学校
⑥美濃加茂高等学校
⑦済美高等学校

静岡県

①御殿場西高等学校
②知徳高等学校
③日本大学三島高等学校
④沼津中央高等学校
⑤飛龍高等学校
⑥桐陽高等学校
⑦加藤学園高等学校
⑧加藤学園暁秀高等学校
⑨誠恵高等学校
⑩星陵高等学校
⑪静岡県富士見高等学校
⑫清水国際高等学校
⑬静岡サレジオ高等学校
⑭東海大学付属静岡翔洋高等学校
⑮静岡大成高等学校
⑯静岡英和女学院高等学校
⑰城南静岡高等学校
⑱静岡女子高等学校
⑲常葉大学附属常葉高等学校
　常葉大学附属橘高等学校
　常葉大学附属菊川高等学校
⑳静岡北高等学校
㉑静岡学園高等学校
㉒焼津高等学校
㉓藤枝明誠高等学校
㉔静清高等学校
㉕磐田東高等学校
㉖浜松学院高等学校
㉗浜松修学舎高等学校
㉘浜松開誠館高等学校
㉙浜松学芸高等学校
㉚浜松聖星高等学校
㉛浜松日体高等学校
㉜聖隷クリストファー高等学校
㉝浜松啓陽高等学校
㉞オイスカ浜松国際高等学校

愛知県

①[国立]愛知教育大学附属高等学校
②愛知高等学校
③名古屋経済大学市邨高等学校
④名古屋経済大学高蔵高等学校
⑤名古屋大谷高等学校
⑥享栄高等学校
⑦椙山女学園高等学校
⑧大同大学大同高等学校
⑨日本福祉大学付属高等学校
⑩中京大学附属中京高等学校
⑪至学館高等学校
⑫東海高等学校
⑬名古屋たちばな高等学校
⑭東邦高等学校
⑮名古屋高等学校
⑯名古屋工業高等学校
⑰名古屋葵大学高等学校
（名古屋女子大学高等学校）
⑱中部大学第一高等学校
⑲桜花学園高等学校
⑳愛知工業大学名電高等学校
㉑愛知みずほ大学瑞穂高等学校
㉒名城大学附属高等学校
㉓修文学院高等学校
㉔愛知啓成高等学校
㉕聖カピタニオ女子高等学校
㉖滝高等学校
㉗中部大学春日丘高等学校
㉘清林館高等学校
㉙愛知黎明高等学校
㉚岡崎城西高等学校
㉛人間環境大学附属岡崎高等学校
㉜桜丘高等学校

㉝光ヶ丘女子高等学校
㉞藤ノ花女子高等学校
㉟栄徳高等学校
㊱同朋高等学校
㊲星城高等学校
㊳安城学園高等学校
㊴愛知産業大学三河高等学校
㊵大成高等学校
㊶豊田大谷高等学校
㊷東海学園高等学校
㊸名古屋国際高等学校
㊹啓明学館高等学校
㊺聖霊高等学校
㊻誠信高等学校
㊼誉高等学校
㊽杜若高等学校
㊾菊華高等学校
㊿豊川高等学校

三重県

①暁高等学校(3年制)
②暁高等学校(6年制)
③海星高等学校
④四日市メリノール学院高等学校
⑤鈴鹿高等学校
⑥高田高等学校
⑦三重高等学校
⑧皇學館高等学校
⑨伊勢学園高等学校
⑩津田学園高等学校

滋賀県

①近江高等学校

大阪府

①上宮高等学校
②大阪高等学校
③興國高等学校
④清風高等学校
⑤早稲田大阪高等学校
(早稲田摂陵高等学校)
⑥大商学園高等学校
⑦浪速高等学校
⑧大阪夕陽丘学園高等学校
⑨大阪成蹊女子高等学校
⑩四天王寺高等学校
⑪梅花高等学校
⑫追手門学院高等学校
⑬大阪学院大学高等学校
⑭大阪学芸高等学校
⑮常翔学園高等学校
⑯大阪桐蔭高等学校
⑰関西大倉高等学校
⑱近畿大学附属高等学校
⑲金光大阪高等学校
⑳星翔高等学校
㉑阪南大学高等学校
㉒箕面自由学園高等学校
㉓桃山学院高等学校
㉔関西大学北陽高等学校

兵庫県

①雲雀丘学園高等学校
②園田学園高等学校
③関西学院高等部
④灘高等学校
⑤神戸龍谷高等学校
⑥神戸第一高等学校
⑦神港学園高等学校
⑧神戸学院大学附属高等学校
⑨神戸弘陵学園高等学校
⑩彩星工科高等学校
⑪神戸野田高等学校
⑫滝川高等学校
⑬須磨学園高等学校
⑭神戸星城高等学校
⑮啓明学院高等学校
⑯神戸国際大学附属高等学校
⑰滝川第二高等学校
⑱三田松聖高等学校
⑲姫路女学院高等学校
⑳東洋大学附属姫路高等学校
㉑日ノ本学園高等学校
㉒市川高等学校
㉓近畿大学附属豊岡高等学校
㉔夙川高等学校
㉕仁川学院高等学校
㉖育英高等学校

奈良県

①西大和学園高等学校

岡山県

①[県立]岡山朝日高等学校
②清心女子高等学校
③就実高等学校
(特別進学コース〈ハイグレード・アドバンス〉)
④就実高等学校
(特別進学チャレンジコース・総合進学コース)
⑤岡山白陵高等学校
⑥山陽学園高等学校
⑦関西高等学校
⑧おかやま山陽高等学校
⑨岡山商科大学附属高等学校
⑩倉敷高等学校
⑪岡山学芸館高等学校(1期1日目)
⑫岡山学芸館高等学校(1期2日目)
⑬倉敷翠松高等学校
⑭岡山理科大学附属高等学校
⑮創志学園高等学校
⑯明誠学院高等学校
⑰岡山龍谷高等学校

広島県

①[国立]広島大学附属高等学校
②[国立]広島大学附属福山高等学校
③修道高等学校
④崇徳高等学校
⑤広島修道大学ひろしま協創高等学校
⑥比治山女子高等学校
⑦呉港高等学校
⑧清水ヶ丘高等学校
⑨盈進高等学校
⑩尾道高等学校
⑪如水館高等学校
⑫広島新庄高等学校
⑬広島文教大学附属高等学校
⑭銀河学院高等学校
⑮安田女子高等学校
⑯山陽高等学校
⑰広島工業大学高等学校
⑱広陵高等学校
⑲近畿大学附属広島高等学校福山校
⑳武田高等学校
㉑広島県瀬戸内高等学校(特別進学)
㉒広島県瀬戸内高等学校(一般)
㉓広島国際学院高等学校
㉔近畿大学附属広島高等学校東広島校
㉕広島桜が丘高等学校

山口県

①高水高等学校
②野田学園高等学校
③宇部フロンティア大学付属香川高等学校
(普通科〈特進・進学コース〉)
④宇部フロンティア大学付属香川高等学校
(生活デザイン・食物調理・保育科)
⑤宇部鴻城高等学校

徳島県

①徳島文理高等学校

香川県

①香川誠陵高等学校
②大手前高松高等学校

愛媛県

①愛光高等学校
②済美高等学校
③FC今治高等学校
④新田高等学校
⑤聖カタリナ学園高等学校

福岡県

①福岡大学附属若葉高等学校
②精華女子高等学校(専願試験)
③精華女子高等学校(前期試験)
④西南学院高等学校
⑤筑紫女学園高等学校
⑥中村学園女子高等学校(専願入試)
⑦中村学園女子高等学校(前期入試)
⑧博多女子高等学校
⑨博多高等学校
⑩東福岡高等学校
⑪福岡大学附属大濠高等学校
⑫自由ケ丘高等学校
⑬常磐高等学校
⑭東筑紫学園高等学校
⑮敬愛高等学校
⑯久留米大学附設高等学校
⑰久留米信愛高等学校
⑱福岡海星女子学院高等学校
⑲誠修高等学校
⑳筑陽学園高等学校(専願入試)
㉑筑陽学園高等学校(前期入試)
㉒真颯館高等学校
㉓筑紫台高等学校
㉔純真高等学校
㉕福岡舞鶴高等学校
㉖折尾愛真高等学校
㉗九州国際大学付属高等学校
㉘祐誠高等学校
㉙西日本短期大学附属高等学校
㉚東海大学付属福岡高等学校
㉛慶成高等学校
㉜高稜高等学校
㉝中村学園三陽高等学校
㉞柳川高等学校
㉟沖学園高等学校
㊱福岡常葉高等学校
㊲九州産業大学付属九州高等学校
㊳近畿大学附属福岡高等学校
㊴大牟田高等学校
㊵久留米学園高等学校
㊶福岡工業大学附属城東高等学校(専願入試)
㊷福岡工業大学附属城東高等学校(前期入試)
㊸八女学院高等学校
㊹星琳高等学校
㊺九州産業大学付属九州産業高等学校
㊻福岡雙葉高等学校

佐賀県

①龍谷高等学校
②佐賀学園高等学校
③佐賀女子短期大学付属佐賀女子高等学校
④弘学館高等学校
⑤東明館高等学校
⑥佐賀清和高等学校
⑦早稲田佐賀高等学校

長崎県

①海星高等学校(奨学生試験)
②海星高等学校(一般入試)
③活水高等学校
④純心女子高等学校
⑤長崎南山高等学校
⑥長崎日本大学高等学校(特別入試)
⑦長崎日本大学高等学校(一次入試)
⑧青雲高等学校
⑨向陽高等学校
⑩創成館高等学校
⑪鎮西学院高等学校

熊本県

①真和高等学校
②九州学院高等学校(奨学生・専願生)
③九州学院高等学校(一般生)
④ルーテル学院高等学校(専願入試・奨学入試)
⑤ルーテル学院高等学校(一般入試)
⑥熊本信愛女学院高等学校
⑦熊本学園大学付属高等学校(奨学生試験・専願生試験)
⑧熊本学園大学付属高等学校(一般生試験)
⑨熊本中央高等学校
⑩尚絅高等学校
⑪文徳高等学校
⑫熊本マリスト学園高等学校
⑬慶誠高等学校

大分県

①大分高等学校

宮崎県

①鵬翔高等学校
②宮崎日本大学高等学校
③宮崎学園高等学校
④日向学院高等学校
⑤宮崎第一高等学校(文理科)
⑥宮崎第一高等学校(普通科·国際マルチメディア科·電気科)

鹿児島県

①鹿児島高等学校
②鹿児島実業高等学校
③樟南高等学校
④れいめい高等学校
⑤ラ・サール高等学校

新刊
もっと過去問シリーズ

愛知県

愛知高等学校
7年分(数学・英語)

中京大学附属中京高等学校
7年分(数学・英語)

東海高等学校
7年分(数学・英語)

名古屋高等学校
7年分(数学・英語)

愛知工業大学名電高等学校
7年分(数学・英語)

名城大学附属高等学校
7年分(数学・英語)

滝高等学校
7年分(数学・英語)

※もっと過去問シリーズは入学試験の実施教科に関わらず、数学と英語のみの収録となります。

教英出版
〒422-8054
静岡県静岡市駿河区南安倍3丁目12−28
TEL 054-288-2131
FAX 054-288-2133
詳しくは教英出版で検索
教英出版 検索
URL https://kyoei-syuppan.net/

令 和 6 年 度

宮崎第一高等学校入学者選抜学力検査問題

（1月24日　第1時限　9時00分～9時45分）

国　　　語

(普通科・国際マルチメディア科・電気科)

（注　　　意）

1.「始め」の合図があるまで，このページ以外のところを見てはいけません。

2. 問題用紙は，表紙を除いて14ページで，問題は3題です。

3.「始め」の合図があったら，まず解答用紙に出身中学校名，受験番号と氏名を記入し，次に問題用紙のページ数を調べて，抜けているページがあれば申し出てください。

4. 答えは，必ず解答用紙に記入してください。

5. 印刷がはっきりしなくて読めないときは，静かに手をあげてください。問題内容や答案作成上の質問は認めません。

6.「やめ」の合図があったら，すぐに筆記用具をおき，問題用紙と解答用紙を別にし，裏返しにして，机の上においてください。

問題用紙は持ち帰ってかまいません。

国語 1

一 次の文章を読んで、後の問いに答えなさい。（作問の都合上、原文の一部を変更しています。）

一、なぜ、鳥は「鳥の巣」をつくるようになったのか？

国語 2

お詫び

著作権上の都合により、文章は掲載しておりません。

ご不便をおかけし、誠に申し訳ございません。

教英出版

（鈴木まもる『身近な鳥のすごい巣』より）

※ジュラ紀……約二億年前から一億四五〇〇万年前の時代。温暖な気候であったとされる。
※脆弱さ………もろくて弱いこと。
※始祖鳥………現在知られている最も古い鳥類。は虫類と鳥類の特徴をあわせ持つ。

問一 ＝線部㋐〜㋔の漢字は平仮名に、カタカナは漢字に直しなさい。

問二 （ A ）〜（ D ）に当てはまる語を、次のア〜オの中からそれぞれ選び、記号で答えなさい。

ア そして　イ 一方　ウ しかし　エ では　オ むしろ

問三 ――線部①「□肉□食」とありますが、□に漢字を一字ずつ補充し、四字熟語を完成させなさい。

問四 ――線部②「これ」の指すものを、本文中の言葉を用いて三十字程度で説明しなさい。

問五 [X] に当てはまる語句として最も適切なものを、次のア〜エの中から一つ選び、記号で答えなさい。

ア もろく　イ 軽量に　ウ 丈夫に　エ やわらかく

問六 ――線部③「それぞれの専門家たちが鳥の巣を知らない」とありますが、鳥がどの方法で飛ぶようになったのかを明らかにするために、鳥の巣を知ることが有効だと筆者が考えるのはなぜですか。解答欄に合うように本文中から二十五字以内で抜き出して答えなさい。

問七 二、[　　] に小見出しをつける場合、最も適切なものを次のア～オの中から一つ選び、記号で答えなさい。

ア **「恐竜の巣」と「鳥の巣」にはどんな違いがあるのか？**
イ **なぜ「鳥の巣」は今まで人に知られていなかったのか？**
ウ **どうやって鳥は「鳥の巣」をつくるのか？**
エ **「鳥の巣」は何を使ってつくられているのか？**
オ **「鳥の巣」を研究する上で大切なことは何か？**

問八 鳥が「鳥の巣」をつくる目的を、筆者はどのように考えていますか。二十五字程度で説明しなさい。

二 次の文章を読んで、後の問いに答えなさい。（作問の都合上、原文の一部を変更しています。）

東京都ひばり森中学校一年の安藤《あんどう》真宙《まひろ》は、同じクラスの中井《なかい》天音《あまね》とともに理科部に所属している。二〇二〇年夏、コロナ禍によって登校や部活動が大きく制限される中、真宙たち理科部は、茨城県砂浦《すなうら》第三高校天文部が毎年夏の合宿で行ってきた「スターキャッチコンテスト」の存在を知り、オンラインによる遠隔の形で参加することになった。スターキャッチコンテストのルールは、制限時間内で自由に星を探し、見つけた星ごとに得点が入るというものだ。同コンテストには東京都御崎台《みさきだい》高校物理部、長崎県五島列島にある泉水《いずみ》高校の生徒たちも同じくリモートで参加する。コンテストに向けて四校の生徒たちは、オンラインでの交流を重ねながら、各チームで望遠鏡を製作し、準備を進めてきた。

スターキャッチコンテスト、当日。

夜の外出に合わせて、真宙の家では父が学校まで送っていってくれることになっていた。父がやってくるのに合わせて、母も一緒にキッチンから出てくる。

「①真宙、これ持っていきなさい」

見れば、母は手に水筒と、なぜか、お菓子の「オレオ」を持っている。なんでオレオ？　と思っていると、母が言った。

「みんなでこれ、分けて食べなさい。夜、おなかすくかもしれないから」

「えー、学校にお菓子持ってくのはダメでしょ。それに、飲食禁止だってば。コロナなんだし」

「そんなの、バッグに隠して持ってって、終わった後に帰り道でみんなで食べればいいでしょ」

「そんなの意味ある？　途中で食べないと腹ごしらえにならないじゃん」

「でも」

「いいってば」

真宙が言い返すと、父が横で笑った。

「母さんも、真宙のために何かしたいんだよ。大会なんだし、応援したいっていうか」

「大会って」

言いながら、びっくりする。スターキャッチコンテストは確かに大会だけど、まさか両親から応援なんて言葉が出てくるとは思わなかった。まるで※サッカーをやっていた時みたいで、文化部の活動なのに、あの頃の試合みたいな気持ちで父と母がいるのかと思ったら、なんだか、ぐっときてしまった。父が言う。
「いや、大会だろ。今日は」
「その応援でやるのが、オレオ持たせることなの？」
「うーん、何もできることがないから、オレオでも持たせなきゃってことなのかも」
父が言い、母がまだオレオをこっちに差しだしたままなのを見て、ふうっと大きく息を吸う。
「ありがと。でもオレ、大丈夫だから」
父と母が顔を見合わせ――、玄関に座る真宙と同じ目の高さまで体を屈《かが》める。そして言った。
「真宙には、ずっと、ちゃんと謝らなきゃって思ってたんだ」
「何を」
「お父さんたち、きちんと調べなかったから。※ひばり森中の一年生が、男子は真宙ひとりになっちゃうって」
二人とも、真面目な顔をしていた。廊下で、興味なさそうに脚を伸ばしてストレッチなんかしてる※立夏《りっか》も、今は黙ってそれを聞いている。
こんなふうに家族みんなに見送られるなんて、これから自分はどんな遠い世界に㋐ボウケンに行くんだろう、と思うけど、そんなふうにⓐ茶化したりできないくらい、なんだか今は照れくさい。
「きっと心細かったよな。正直、真宙がいつ転校したいって言ってきてもおかしくないと思ったし、そうなったら、真宙が行ける学校を探そうって、母さんと話したりもしてたんだ」
「だけど、真宙、そんなこと、一度も何も言わなかったね」
母が言う。オレオを持たせることをあきらめたのか、水筒だけを真宙に手渡す。真宙も立ち上がって、それを受け取った。
「元気に学校に通ってくれて、ありがとう」
母に言われると、かあっと頬《ほお》が熱くなる。あわてて顔を伏せた。
「大丈夫だよ。オレ、ひばり森中でいい」
ピンポン、とマンションのエントランスに設置されたインターフォンのチャイムが鳴る。※鎌田《かまた》先輩とお父さんだ。今日は一緒に学校まで行くことになっている。
「いってきます」
真宙が言う。父が横で靴を㋑ハく。母と立夏の「いってらっしゃい」の声が、真宙たちを送り出した。

（　中略　）

「では、行きますよー！」

夜空の下で、号令をかけたのは※市野《いちの》先生だった。※輿《こし》と審判をチェンジしたから、今日は市野先生がひばり森中学の屋上にいる。

先生や※館長——各チームの大人たちの中で誰がその役目をするのか。話し合いの末、画面ごしのジャンケンに負けた市野先生になった。大人なんだから、ジャンケンなんかで決めないでよ、ⓑ自主性でやってよ、と各地のメンバーに言われながらのスタートだ。

頭上で、星が瞬《またた》いている。星の瞬きが、まるで空から挨拶されているように感じる。

深呼吸して、真宙たちはその瞬間を待つ。作り上げた自分たちの望遠鏡の横に立ち、鏡筒の角度を変えないように注意しながら、空に向けて構える。

「スタート！」

空に向け、市野先生のハスキーボイスが響き渡る。

望遠鏡を最初に覗《のぞ》くのは真宙だ。

最初に目指すのは、土星。

南南東の空に向けて、ぐいっと望遠鏡を動かす。

他チームは皆、きっと、一番に目指すのは月ではないか——と真宙たちは予想していた。だから、自分たちは、月は最初に目指さない。入りの時間にさえ気をつければ、一番㋒捉えやすい天体だからだ。時間に㋓ヨユウがあるうちは、難易度と配点が高い別の目標を少しでも先につかまえておこう、と作戦を立てていた。

ファインダーを覗き込む。

パソコンから、『月！』という声が聞こえた。どこかのチームの声だ。確認したことを告げる、『オッケーです！』という声が続く。この声は、御崎台高校の審判、輿。

続いて、『オッケー、1点、加点』という五島の天文台館長の声が聞こえた。

※前は、他のチームの動きが気になって焦ったけど、今はもう平常心でいられる。先輩たちとの読み通りだ。みんな、思った通り、最初は月を目指す。

真宙の視界に、土星を捉える。

何度も練習したから、間違いない。この星だ。

きた！　と思うと同時に鼓動が高まる。微動ハンドルで、きちんと捉えられたことがわかる位置まで動かす。

「土星！」

叫ぶと同時に素早く移動して、審判の市野先生に接眼レンズを譲る。

ほんの短い時間なのに、②市野先生が『オッケー！』と言ってくれるまでの時間がとても長く感じられた。

「先輩！」

「まかせて！」

真宙と鎌田先輩がタッチして代わる。先輩が望遠鏡を少し南に向けて、「あ、木星を目指すんだ」とわかる。最初はわからなかった空の中の星の位置が、もう自分にもわかる。

「アルビレオ……」

「え？」

「アルビレオ、探してもいいかな」

天音が言う。

静かな声が、だけど、興奮に高まっているのがわかった。はくちょう座のアルビレオは、３等星。難易度は３。天頂付近の星は、見つける姿勢をとるのがまずとても難しい。

ただ、今回のコンテストでは、天頂ミラーや天頂プリズムの使用も許されていて、それを使えば、見つけられる確率は上がる。

「木星、ゲット！」

鎌田先輩の声がして、市野先生が接眼レンズを覗く。判定が出るまでの短い間で、真宙が「後で」と天音に向け、言う。

「北斗七星にある1等星を確実に入れてから、その後で探して。天音なら、できる」

市野先生の「オッケー！」の声に、どこかのチームの『木星！』の声や、『オッケー！』の判定の声が重なって響き渡る。

「うん！」

真宙の言葉に天音が頷いた。

戻ってきた鎌田先輩が、「中井さん！」と天音にタッチする。走り出す天音の背中を見送りながら、真宙は、ああ――と思った。

空に顔を向ける。吸い込む空気に、夜の匂いがした。東京の空は明るいと言われる。できることなら、五島のきれいな空もいつか見に行きたい。※凛久《りく》が完成させたら、茨城で※ナスミス式望遠鏡も絶対に覗かせてもらいたい。

『M13球状星団です！』

『わー、さすが五島！　ズルいな、速い！』

※円華《まどか》の声に、思わずというように反応する茨城チームの声がした。真剣勝負だけど、③みんな思っているのが同じことだということがわかる。

離れていても、伝わる。

「アルビレオ！」

天音の声がした。天頂付近まで、望遠鏡をぐいっと向けて、興奮気味に息を切らして——、あいつ！　と真宙は思う。

1等星を見つけてからにしろって言ったのに！

望遠鏡から離れ、市野先生に場所を譲る天音の目が、キラキラしていた。真宙の㋔チュウコクを聞かなかったことは腹立たしいけど、その顔が——びっくりするほど輝いて、かわいく見えてしまって、真宙はあわてる。

「お願い、お願い、アルビレオ！」

両手を胸の前で組み、祈るような恰好《かっこう》をして、天音が屋上でジャンプする。

その姿を見て、空を見て、画面からのみんなの声を聞いて、思う。

——楽しい。

「オッケー！」という市野先生の声を聞きながら、もう一度、真宙は思った。泣きたいくらい、強い気持ちで。

——オレ、すごく、楽しい。

「真宙、行け！」

天音にいつの間にか呼び捨てにされている。

「おう！」

その声に送り出されるようにして、真宙は望遠鏡に向けて、また駆け出していく。

（辻村深月『この夏の星を見る』ＫＡＤＯＫＡＷＡより）

※サッカーをやっていた時……小学校時代、真宙は地域のサッカーチームに所属していた。

※ひばり森中の一年生が、男子は真宙ひとり……ひばり森中（東京都）の今年の新入生の中で男子は真宙ただ一人であった。

※立夏……ひばり森中二年の真宙の姉。

※鎌田先輩……ひばり森中の二年生男子。理科部の先輩で、真宙・天音とともにコンテストに参加する。

※市野先生……御崎台高校（東京都）の女性教員。物理部の顧問。コンテストでは、ひばり森中の審判を務める。

※輿……高校三年生男子。今回のコンテストでは、最初ひばり森中の審判として参加するはずだったが、御崎台高校の市野先生と交代し、御崎台高校の審判を務めることになった。

※館長……泉水高校（長崎県五島列島）の生徒たちは、五島天文台の才津《さいつ》館長の呼びかけをきっかけに今回のコンテストに参加している。

※前は、他のチームの動きが気になって焦ったけど……以前にコンテスト参加の四校合同で天体観測練習をしたときのこと。

※凜久……砂浦第三高校（茨城県）二年生の男子。

※ナスミス式望遠鏡……今回のコンテストとは別の活動として、砂浦第三高校天文部が製作を続けている望遠鏡。

※円華……泉水高校三年生女子。

問一 ══線部㋐〜㋔の漢字は平仮名に、カタカナは漢字に直しなさい。

問二 〰〰線部ⓐ・ⓑの意味として最も適切なものを、下のア〜エの中からそれぞれ選び、記号で答えなさい。

ⓐ 茶化したり

ア 冗談めかしたり
イ 空想にふけったり
ウ 大げさにとらえたり
エ ばかばかしく感じたり

ⓑ 自主性で

ア 自分を信じて
イ 他人を無視して
ウ 自分から率先して
エ 周りに気を配って

問三 ――線部①「真宙、これ持っていきなさい」と言ったときの母の心情として最も適切なものを、次のア〜エの中から一つ選び、記号で答えなさい。

ア ひばり森中では真宙が本当にしたかったサッカーができず、やむなく理科部として活動を続けていることを親として不憫《ふびん》に感じ、せめて差し入れでも持たせることで応援の気持ちを伝えたいと思う心情。

イ ひばり森中では真宙の他に新入生の男子がいなかったため、真宙が周囲になじめず転校したいと言い出すのではないかと心配し、みんなでお菓子でも食べることで友達になるきっかけになればいいと願う心情。

ウ ひばり森中の一年生が、男子は真宙一人になってしまったのは、親である自分たちの調べが足りなかったからだと罪悪感を覚え、大会に参加する真宙への差し入れという形で罪滅ぼしをしたいという心情。

エ ひばり森中に入学した真宙が、男子の同級生が一人もいない状況の中でも前向きに中学生活を送ってくれていることに感謝しつつ、今まさに大会に挑戦しようとする真宙に少しでも力添えしたいという心情。

問四 ――線部②「市野先生が『オッケー！』と言ってくれるまでの時間がとても長く感じられた」とありますが、その理由を説明した次の文の空欄Ⅰ・Ⅱを補うのに適切な言葉を考えて、指定された字数で書きなさい。

真宙たちは、コンテストの序盤では他チームが探すであろう月ではなく、難易度と配点が高い星を先に見つけておく作戦を立てていたが、予想通り他チームが月を目指すなか、このまま作戦通りの展開となるかは［Ⅰ（二十字以内）］にかかっているため、［Ⅱ（五字程度）］から。

問五 ――線部③「みんな思っているのが同じことだ」とありますが、「同じこと」とはどのようなことですか。二十字以内で簡潔に説明しなさい。

問六 本文の内容や表現に関する説明として最も適切なものを、次のア～エの中から一つ選び、記号で答えなさい。

ア 主人公の真宙だけでなく、それぞれの人物の視点から語ることで、コンテスト当日の様子がありありと描写されている。
イ 出発前の家族の会話では、いつまでも真宙を子ども扱いする両親とそれに反発する真宙との気持ちのすれ違いが描かれている。
ウ 「星の瞬きが、まるで空から挨拶されているように感じる」では隠喩が用いられ、真宙の心情が効果的に表現されている。
エ 天音が真宙のことを呼び捨てにする場面を描くことで、天音の真宙に対する心理的距離が近くなったことを印象的に表している。

三 次の文章を読んで、後の問いに答えなさい。

今は昔、※甲斐国《かひのくに》に※館《たち》の侍《さぶらひ》なりける者の、夕暮に館を出でて家ざまに《わが家のほうへ》行きける道に、狐のあひたりけるを《遭遇した狐を》追ひかけて※引目《ひきべ》して射ければ《引目の矢で射たところ》、狐の腰に射当ててけり。狐射まろばかされて《射られて転がって》、鳴きわびて《苦しがって鳴き》、腰をひきつつ草に入りにけり。この男引目を取りて行く程に《うちに》、この狐腰をひきて先に立ちて行くに《行くので》、また①射んとすれば失せにけり《見えなくなってしまった》。

家いま四五《もう四、五町先》※町にと見えて行く程に、この狐二町ばかり先だちて、火をⓐくはへて走りければ《走っていくので》、「②火をくはへて走るはいかなる事ぞ《どういうことだ》」とて、馬をもⓘ走らせけれども、家のもとにⓘⓘ走り寄りて、人になりて火を家につけてけり。「人のつくるにこそありけれ《さては人が火をつけたのだ》」とて、矢をはげて《あてがって》走らせけれども、ⓘⓘⓘつけ果ててければ《火をつけ終えてしまうと》、狐になりて草の中に走り入りて失せにけり。さて家焼けにけり。

③かかる物も《このようなものでも》たちまちに X を報《むく》ふなり。これを聞きて、ⓑかやうの物をば構へて調ずまじきなり《このようなものを決して痛めつけてはいけない。》。

（『宇治拾遺物語』より）

※甲斐国……現在の山梨県にあたる地域。

※館の侍……国守（諸国を治める役人である国司の長官）の役庁に仕える侍。

※引目………射るものを殺傷せず、犬追物などの競技や魔よけに用いた矢。

※町…………長さの単位。一町＝約百九メートル。

問一 ＝＝線部ⓐ・ⓑの読みを現代仮名遣いで答えなさい。

問二 ━━線部ⅰ～ⅲの主語を次のア～ウの中からそれぞれ選び、記号で答えなさい。（同じ記号を複数回使ってもかまいません。）

ア 侍なりける者　イ 狐　ウ 馬

問三 ――線部①「射んとすれば」とありますが、その口語訳として最も適切なものを、次のア～エの中から一つ選び、記号で答えなさい。

ア 射てはならないと思っていると
イ 射ようとすると
ウ 射ないつもりでいると
エ 射ることができると信じていると

問四 ――線部②「火をくはへて走る」とありますが、狐がそのような行動を取った理由を説明した次の空欄Ⅰ・Ⅱを補うのに適切な言葉を考えて書きなさい。

［　Ⅰ　］ために、［　Ⅱ　］から。

問五 ――線部③「かかる物」とありますが、何のことですか。次のア～オの中から一つ選び、記号で答えなさい。

ア 侍なりける者　イ 狐　ウ 家　エ 引目　オ 火

問六 ［X］に当てはまる語として最も適切なものを、次のア～エの中から一つ選び、記号で答えなさい。

ア 恩　イ 努力　ウ 仇《あだ》　エ 労

令和６年度

宮崎第一高等学校入学者選抜学力検査問題

（１月24日　第２時限　９時55分～10時40分）

社　会

（普通科・国際マルチメディア科・電気科）

（注　意）

１．「始め」の合図があるまで，このページ以外のところを見てはいけません。
２．問題用紙は，表紙を除いて14ページで，問題は５題です。
３．「始め」の合図があったら，まず解答用紙に出身中学校名，受験番号と氏名を記入し，次に問題用紙のページ数を調べて，抜けているページがあれば申し出てください。
４．答えは，必ず解答用紙に記入してください。
５．印刷がはっきりしなくて読めないときは，静かに手をあげてください。問題内容や答案作成上の質問は認めません。
６．「やめ」の合図があったら，すぐ筆記用具をおき，問題用紙と解答用紙を別にし，裏返しにして，机の上においてください。

問題用紙は持ち帰ってかまいません。

社 会 1

1 次の関東地方の図を見て，あとの問いに答えなさい。

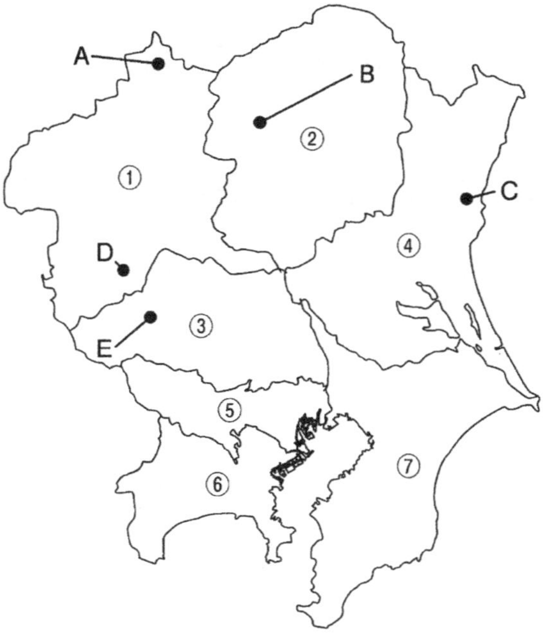

(1) 次のア～キの文は地図中①～⑦の都県に関するものである。ア～キの文の内容に当てはまる都県を①～⑦からそれぞれ選び，また，その都県の名称を答えなさい。

ア 福島県との県境には尾瀬国定公園があり，温泉では草津温泉が有名である。桐生や伊勢崎といった織物が発達したところでもあり，機械工業が盛んである。
イ 県庁所在地は港町であり，臨海部は工業地帯となっている。鎌倉幕府が置かれた鎌倉市や，西部には温泉でも有名な箱根がある。
ウ 房総半島に位置する県で，東京ディズニーランドがある。湾岸部は石油化学コンビナートがなど，工業地域になっている。
エ 首都圏のベッドタウンとして日本一の40の市があり，昼間の人口流出も日本一である。西部の秩父ではセメント産業が盛んである。
オ 県北部の日立市を中心に工業地域があるが，首都圏の食を支える農業県として農業出荷額が多い。食品として納豆が有名である。
カ 自動車産業が盛んなほか，首都圏向けの農業生産も多い。県庁所在地は餃子の町として有名であり，いちごではとちおとめがブランド品となっている。
キ 日本の首都であり，日本の政治経済の中心地となっている。

(2) 世界遺産に指定されている，日光の社寺と富岡製糸場を図中A～Eからそれぞれ記号で選んで答えなさい。

(3) 首都圏にはさまざまな国家の機能が集中しているが，これを地方に分散させようという意見がある。そのメリット（長所）を一つ答えなさい。

(4) 関東地方（1都6県）の総人口はどのくらいか。次の①～④から最も近いものを記号で選んで答えなさい。ちなみに日本の総人口は約1億2300万人である。

① 約1,300万人　② 約2,300万人　③ 約3,300万人　④ 約4,300万人

2　次の東南アジアの地図を見て，あとの問いに答えなさい。

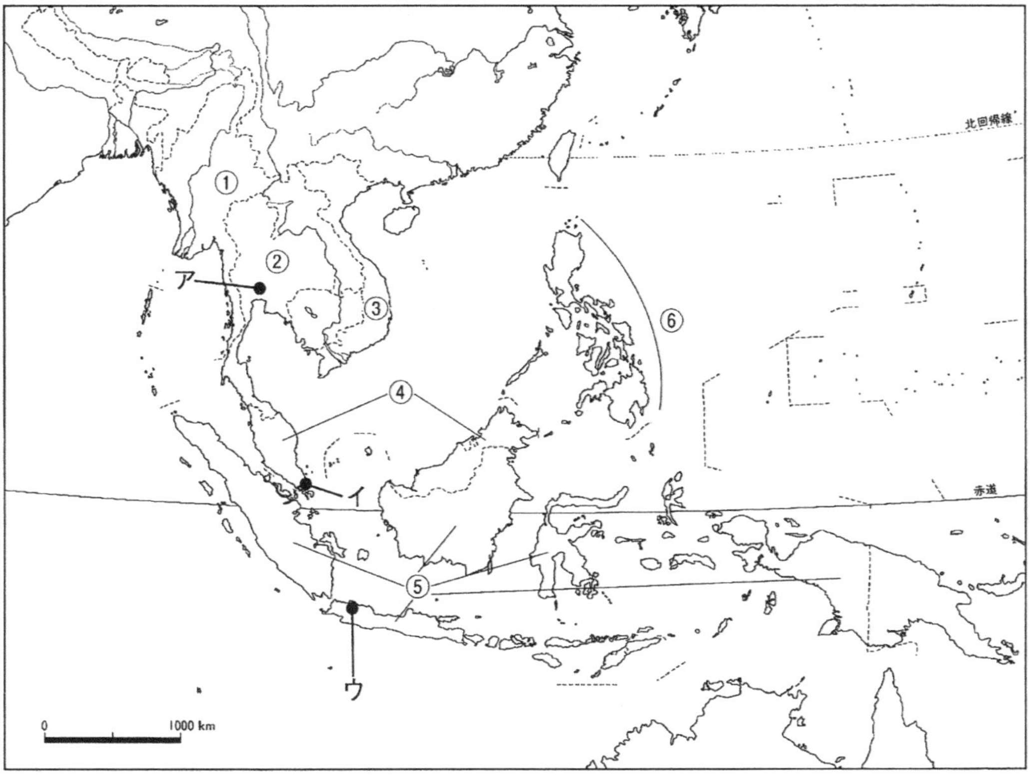

⑴　地図中①～⑥の国名を答えなさい。

⑵　東南アジアの10か国が加盟している，経済をはじめ様々な問題を協議するための国際組織のアルファベットの略称を答えなさい。

⑶　衣類の生産工場は，近年中国からベトナムや南アジアのバングラデシュに移転する傾向がある。その理由を答えなさい。

⑷　下のX～Zの雨温図は，地図中ア～ウのいずれかの場所の雨温図である。X～Zとア～ウの正しい組み合わせを①～⑥から選んで，記号で答えなさい。

X

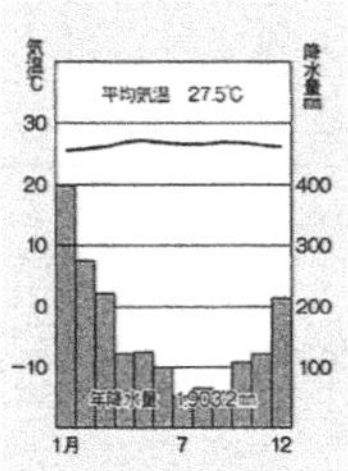

Y

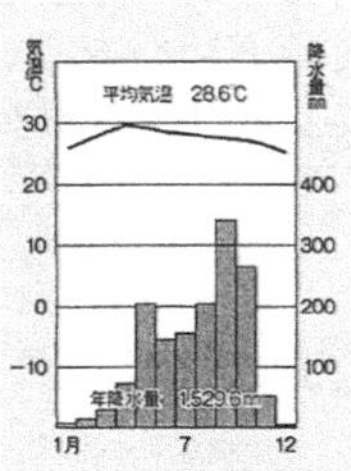

Z

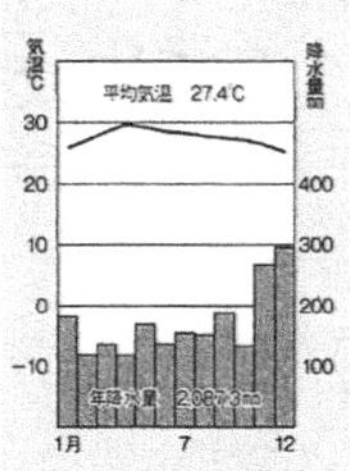

	①	②	③	④	⑤	⑥
X	ア	ア	イ	イ	ウ	ウ
Y	イ	ウ	ア	ウ	ア	イ
Z	ウ	イ	ウ	ア	イ	ア

3　虎雄さんのクラスでは，歴史的分野で学習したことをもとに，「古代，中世の日本」というテーマについて，グループごとに調査活動を行いました。以下の資料A～Fは，虎雄さんが調査して収集した資料です。

資料A　魏志倭人伝

　…南に進むと邪馬台国に着く。ここは女王が都を置いている所である。…倭にはもともと男の王がいたが，その後国内が乱れたので一人の女子を王とした。名を（　　　　　）といい，成人しているが，夫はおらず，一人の弟が国政を補佐している。…

資料B　十七条の憲法（初めの３条の一部）

一に曰く，和をもって貴しとなし，さからう（争う）ことなきを宗と（第一に）せよ。
二に曰く，あつく三宝を敬え。三宝とは仏・法（仏教の教え）・僧なり。
三に曰く，詔（天皇の命令）をうけたまわりては必ずつつしめ（守りなさい）。

資料C　墾田永年私財法

天平 15（743）年５月 27 日　次のような詔が出された。
　養老７（723）年の規定では，墾田は期限が終われば，ほかの土地と同様に国に収められることになっている。
　しかし，このために農民は［　　　　　　　　　　］しまう。今後は私有することを認め，期限を設けることなく永久に国に収めなくてもよい。

資料D　藤原道長の栄華

寛仁２（1018）年 10 月 16 日
　今日は威子を皇后に立てる日である。…太閤（道長）が私を呼んでこう言った。「和歌をよもうと思う。ほこらしげな歌ではあるが，あらかじめ準備していたものではない。」
　この世をばわが世とぞ思う
　望月の欠けたることも無しと思えば

資料E　北条政子の訴え（「吾妻鏡」）

　みなの者，よく聞きなさい。これが最後の言葉です。頼朝公が朝廷の敵をたおし，幕府を開いてからは，官職といい，土地といい，みながいただいた恩は山より高く，海より深いものです。みながそれに報いたいという志はきっと浅くないはずです。名誉を大事にする者は，ただちに逆臣をうち取り，幕府を守りなさい。

資料F　村のおきて

一　寄合（人々の集まり）があることを知らせて，二度出席しなかった者は，五十文のばつをあたえる。
一　森林の苗木を切った者は，五百文のばつをあたえる。
一　若木の葉をとったり，桑の木を切ったりした者は，百文のばつをあたえる。

（今堀日吉神社文書）

⑴　**資料A**の中の（　　　　　）に入る人物名を，**漢字3文字**で書きなさい。

⑵　史子さんは，**資料A**に関連して調査をしていくと，下の**資料G**を見つけることができた。史子さんは**資料A**や**資料G**を読むと，東アジアの中の日本と中国，朝鮮の関係が大変重要なことが分かった。

> **資料G**　「漢書」地理志
> 　（紀元前1世紀ごろ）楽浪郡の海のかなたに倭人がいて，100以上の国に分かれている。その中には定期的に漢に朝貢する国もある。

　史子さんは調査を進めると，この**資料G**は中国の文献資料の中で日本に関する記事が出てくる一番古い記録であることが分かった。さらに，史子さんは当時の東アジアの情勢を地図で調べてみると，4枚の地図をバラバラに手に入れることができた。この**地図1～4**を年代の古い順番に整理したい時，どのような順番に並べて整理するのがよいか，地図の**番号1～4**を古い順に並べなさい。

地図1

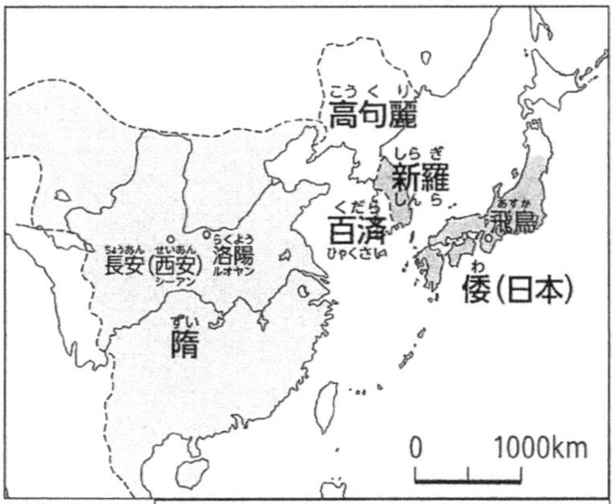

『新しい社会　歴史』（東京書籍）より

地図2

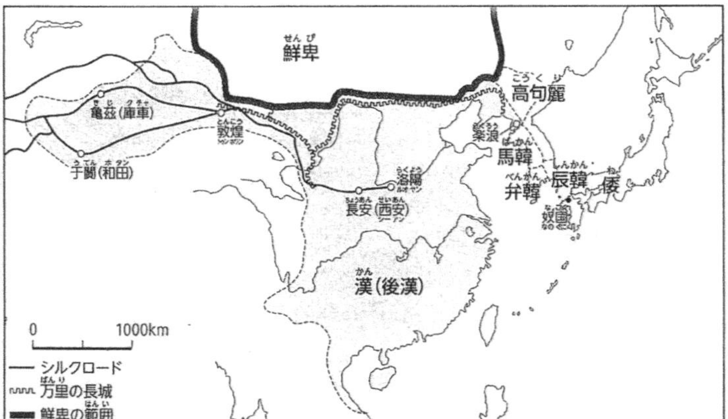

『新しい社会　歴史』（東京書籍）より

社　会　5

地図3

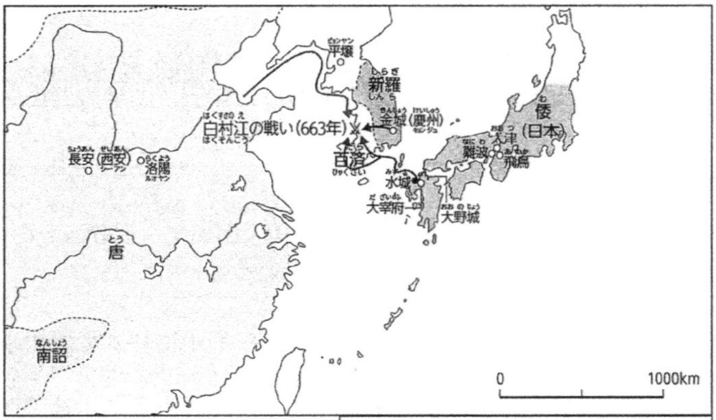

『新しい社会　歴史』（東京書籍）より

地図4

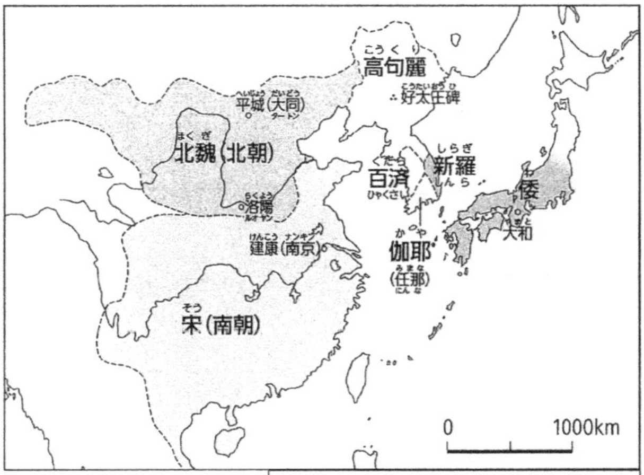

『新しい社会　歴史』（東京書籍）より

(3)　紀夫さんは，**資料B**を読んで，「なぜ聖徳太子が十七条の憲法を出したのか」について考えた。**資料B**より，紀夫さんは次の**a**と**b**の２つの意見を考えた。紀夫さんが考えた**a**または**b**の意見のどちらかを選択し，その根拠としてふさわしいものを**ア**～**エ**から１つ選び，記号で答えなさい。

【紀夫さんの考え】

a　**資料B**に「あつく三宝を敬え」とあるので，聖徳太子は仏教を大切にしようとしたからではないか。

b　**資料B**に「詔を必ずつつしめ」とあるので，天皇中心の政治を目指そうとしたからではないか。

【aまたはbの根拠】

ア　６世紀前半の中国の竜門石窟に造られた中国の石仏と法隆寺の釈迦三尊像の造りが似ている。

イ　聖徳太子は現在の奈良県斑鳩町に世界最古の木造建築である法隆寺を創建した。

ウ　小野妹子を唐に送り，進んだ政治制度や文化を取り入れようとした。

エ　冠位十二階を制定し，家柄ではなく才能や功績のある人物を役人に取り立てようとした。

⑷　虎雄さんは**資料C**について調査を進めると，**資料C**よりも以前に土地制度に関する**資料H**が出されていたことが分かった。それが下の資料である。

> **資料H**　三世一身法
> 　養老７（７２３）年，太政官は天皇にこのように申し上げた。
> 「このごろ，人口が増え，田が不足しています。国中にすすめて，田地の開墾をさせたいと思います。新しく用水路までつくり開墾した者には，三代の間の所有を許します。」

虎雄さんは**資料H**を読んで，「資料H（723年）で土地の所有を認められているにも関わらず，その後，なぜ**資料C**（743年）を出さなければならなかったのか」という疑問が浮かんだ。**資料H**から**資料C**が出された背景については**資料C**の［　　　　　　　］の記述に答えがあった。虎雄さんの疑問に答えるために，**資料C**の［　　　　　　　］に適する文章を書きなさい。

⑸　龍哉さんは，**資料D**を読み，藤原道長の栄華について調査を進めたところ，下の「藤原道長の官位と収入」，「藤原氏が官位（三位以上）にしめる割合」，「道長の豪華な邸宅」の資料を集めることができた。これらの資料からは**資料D**の望月の歌のように，「満月が欠けることのないように，道長にも欠けるものがなく，全て手に入れることができる」という道長の栄華が分かる。

龍哉さんは史子さんと「なぜ，藤原道長はこのように栄華を極め，贅沢な暮らしができたのか」という疑問を探究しようということになった。以前から藤原道長に興味があった史子さんから「**資料Ｉ**の系図がヒントになるかもしれない」というアドバイスをもらった。**資料Ｉ**の系図を読み解いて，「なぜ，藤原道長はこのように栄華を極め，贅沢な暮らしができたのか」についてあなたの考えを書きなさい。

道長の官位と収入

980年	15歳	従五位下	2801万円
987年	22歳	従三位	
990年	25歳	正三位	7490万円
992年	27歳	従二位	
996年	31歳	左大臣・正二位	1億2484万円
1017年	52歳	太政大臣・従一位	3億7455万円

（現在のお金に換算した金額・奈良文化財研究所）

『最新歴史資料』（明治図書）より

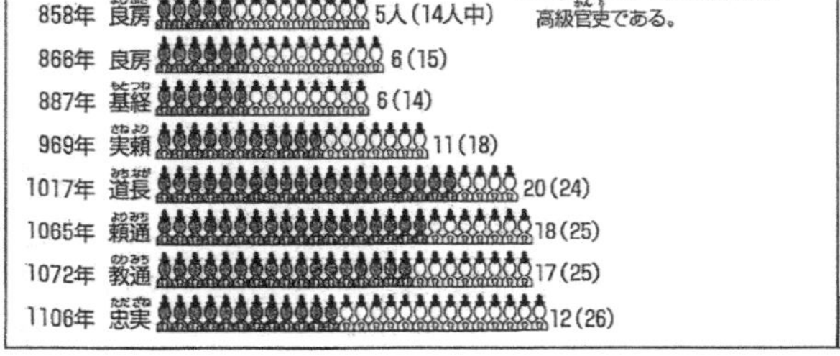

『最新歴史資料』（明治図書）より

『新しい社会　歴史』（東京書籍）より

資料Ⅰ

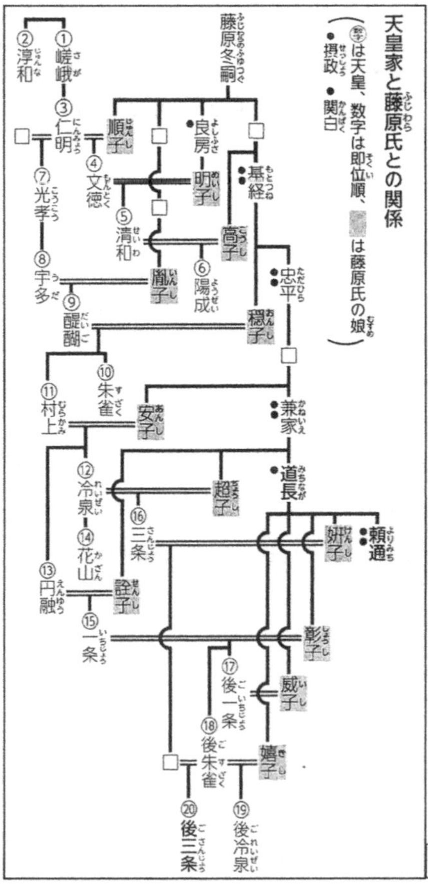

『新しい社会　歴史』（東京書籍）より

(6)　**資料E**について，もっとも関係が深い戦乱として適切なものを次の**ア**～**エ**から１つ選び，記号で答えなさい。

ア　壬申の乱　　**イ**　保元の乱　　**ウ**　平治の乱　　**エ**　承久の乱

4　徳子さんは，江戸時代の政治について政治の中心となった人物ごとに政治の内容とその結果についてレポートにまとめた。また，明子さんは近代日本の風刺画について調査をするために資料を収集した。後の各問いに答えなさい。

徳子さんの作成したレポート

人物名及び人物画	この人物の行った政治改革の内容	その結果は？
 五代将軍 （　　　　　）	○寺院の建設 → ○質の悪い貨幣の生産 → ○《生類憐れみの令》という極端な動物愛護令 →	多額の費用で財政が悪化 物価の上昇 苦しむ人々
 八代将軍 徳川吉宗	**享保の改革** ○質素・倹約令を出して贅沢を禁止する ○人々の意見を取り入れるため目安箱を設置 ○裁判の基準となる公事方御定書をつくる ○上げ米の制〈参勤交代を緩め米を献上させる〉	A
 老　中 田沼意次	○蝦夷地の開拓 ○貿易の奨励〈積極的に進めること〉 ○株仲間の公認	B
 老　中 松平定信	**寛政の改革** ○倹約令を出し贅沢をきびしく取り締まる ○出稼ぎの農民を故郷に帰す ○ききんに備え米を蓄えさせる	C
 老　中 水野忠邦	**天保の改革** ○倹約令を出し贅沢をきびしく取り締まる ○出稼ぎの農民を故郷に帰す ○株仲間の解散を行う	D

(1) レポート中の（　　　　　　）に当てはまる五代将軍の人物名を**漢字４文字**で答えなさい。

(2) 徳子さんはレポートを完成させるために，各政治の結果について考察し，**カード**にまとめた。次の**カード１～４**はレポート中の**Ａ～Ｄ**のどの政治の結果に当てはまるか，記号で答えなさい。

カード　1
幕府の年貢高は安定するが，厳しい政治に人々の不満が高まり６年で老中を退く

カード　2
財政はいったん立ち直るが，農村で天災が重なり不満を持つ百姓が一揆を起こす

カード　3
商業などが活性化するが，わいろ政治が増え政治が乱れ，打ちこわしや一揆も起こり老中をやめさせられた

カード　4
江戸・大阪周辺の農村を幕府の領地にしようとして大名や旗本の反対にあい２年で失敗する

(3) 徳子さんはレポートを作成する過程で，享保の改革の時に幕府の領地や石高および年貢収納率が増加したことが分かった。徳子さんはその理由として次の**Ｘ・Ｙ**のような理由を考えた。徳子さんが考えた**Ｘ**または**Ｙ**の理由のどちらかを選択し，その説明としてふさわしいものを**ａ～ｄ**から１つ選び，記号で答えなさい。

理由
Ｘ　定免法の採用
Ｙ　新田開発の奨励

説明
ａ　豊凶に関わりなく一定額の年貢を徴収した。
ｂ　その年の収穫に応じて年貢を徴収した。
ｃ　江戸に高札を立てて有力商人の協力を促した。
ｄ　下総の印旛沼・手賀沼の干拓が実現した。

(4) 次の**資料A～C**は，明子さんが収集した近代日本の風刺画である。

資料A

『最新歴史資料』（明治図書）より

資料B

『新しい社会　歴史』（東京書籍）より

資料C

『新しい社会　歴史』（東京書籍）より

明子さんは**資料A**について調査を進めると，次の**ア**～**エ**の４つの資料を集めることができた。どの資料も**資料A**と同じ時期の資料であるが，**資料A**と最も関係が深いと考えられる資料を**ア**～**エ**から１つ選び記号で答えなさい。

資料　ア
集会に派遣された警察官は，許可証を見せないときや，講演や議論が届け出に書いていない話におよんだとき，…その会合を解散させることができる。

資料　イ
権利幸福きらいな人に，
自由湯をば飲ませたい
オッペケペ　オッペケペ
オッペケペッポ
ペッポッポー

資料　ウ
一，日本人民は法律上平等とする
一，日本人民は思想上の自由を持つ
一，日本人民はどんな宗教を信じるのも自由である
一，日本人民は自由に集会を開く権利を持つ

資料　エ
政府をたおし，国家をくつがえす主張を載せ，騒乱をあおりたてる者は，１年以上３年以下の入獄とする。

(5)　**資料B**は，1894年に起きた戦争の風刺画として有名であるが，戦争名とこの戦争の講和条約の名前をそれぞれ答えなさい。

(6)　明子さんは，**資料C**について調査を進める中で，次の「貿易の変化」，「工業の発展」，「産業構造の変化」の資料を見つけることができた。この３つの資料に関する説明として，最も適切なものを，下の**ア**～**エ**から１つ選び，記号で答えなさい。

貿易の変化

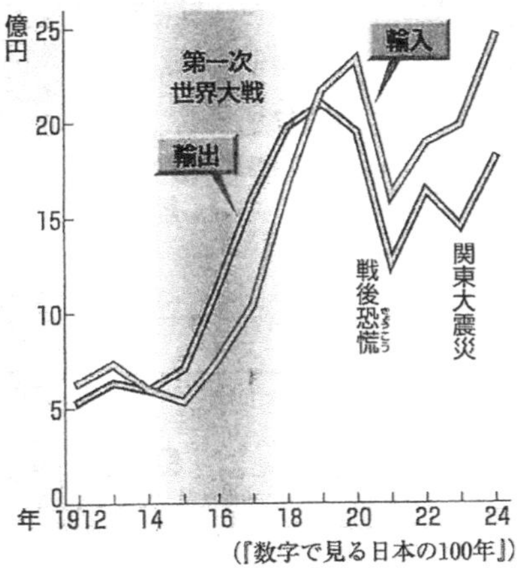

（『数字で見る日本の100年』）

工業の発展　（資本に対する利益率：%）

	1915年上期	1916年上期	1916年下期	1917年上期
綿糸紡績	25.1	45.2	77.2	92.2
製　　糸	21.2	46.5	49.3	48.9
鉱　　業	20.1	50.8	38.1	38.8
肥　　料	18.4	35.1	38.9	62.6
化学工業	38.0	103.5	74.7	156.7
海　　運	36.8	89.7	114.7	112.7
機械・造船	16.4	35.1	54.6	86.1

（大島清『日本恐慌史論』）

産業構造の変化

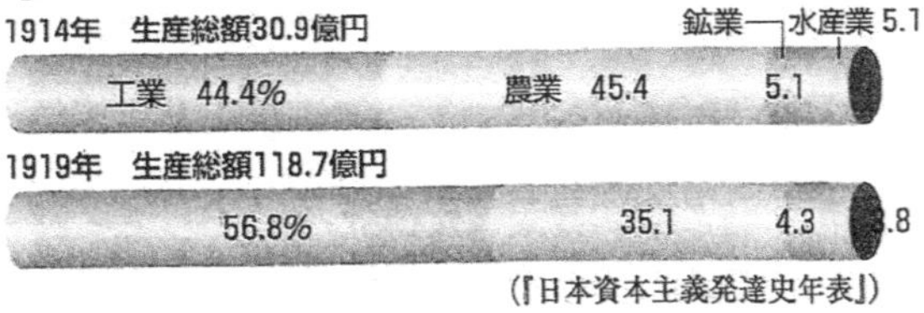

（『日本資本主義発達史年表』）

『最新歴史資料』（明治図書）より

ア　資本に対する利益率は，1916年下期の海運が最も高くなっている。
イ　第一次世界大戦の開戦直後に工業生産額の割合が農業生産額の割合を上回った。
ウ　第一次世界大戦が始まると日本の輸出が輸入を上回り，好景気となった。
エ　第一次世界大戦が終わっても日本の輸出は伸びており，好景気は続いた。

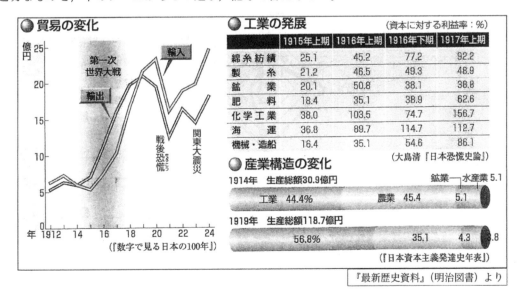

5　アムロさんの学級では，日本における様々な問題について，グループごとにテーマを設定して探究しました。各グループの探究活動に関して，次の各問いに答えなさい。

《ミサコさんのグループ》

【テーマ】

日本の選挙において投票率が低いのはなぜだろうか？

【仮　説】

政府の政策でくらしがよくなるという実感がわかないから。	人々の意見が反映される選挙のしくみになっていないから。

【調査の視点】

ア　政府はどんな政策を掲げているのだろうか。 イ　国民は政府の政策をどう評価しているのだろうか。	ウ　日本の選挙はどんなしくみになっているのだろうか。 エ　しくみと投票率の低さには関連はあるのだろうか。

《ミックさんのグループ》

【資　料】

ジェンダーギャップ指数に日本とアイスランドと世界平均との比較

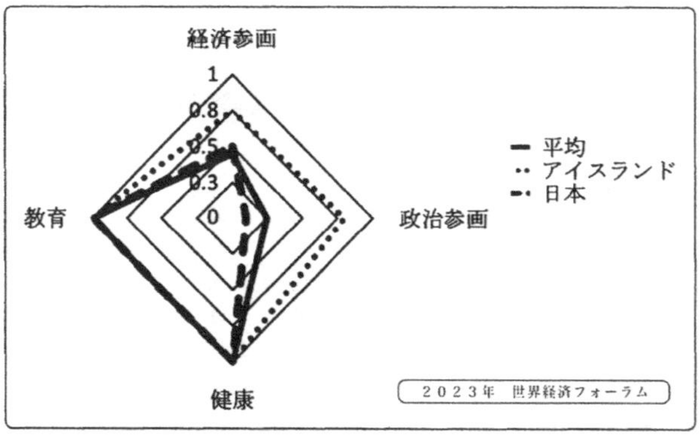

【テーマ】

オ

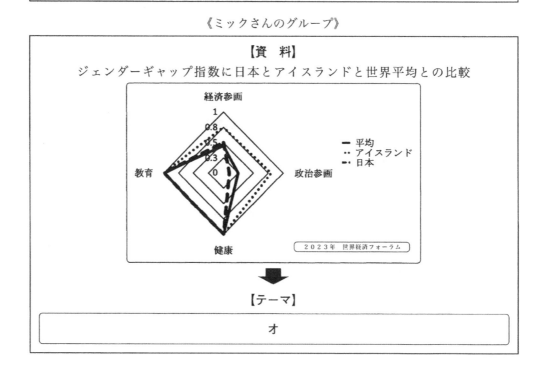

(1) **ア**について，2023年の日本の政策として実行されているものを，次の**a**～**d**から選び，符号で答えなさい。なお，答えは一つとは限りません。また，**ない場合は「なし」**と答えなさい。

a 新型コロナウイルス感染症の５類感染症への移行
b すべての自転車利用者に対する乗車用ヘルメット着用の努力義務
c 消費税15％
d 成人年齢の20歳から18歳への引き下げ

(2) **ア**について，国の政策の根拠となる法律の成立過程として正しいものを，次の**a**～**d**から選び，符号で答えなさい。次のなお，答えは一つとは限りません。また，**ない場合は「なし」**と答えなさい。

a 法律案を国会に提出できるのは国会議員のみである。
b 法律は天皇の名前で公布される。
c 法律案を実質審議するのは，公聴会である。
d 法律案は，本会議において出席議員の過半数で成立する。

(3) **イ**について，国の政策を評価する方法として国民に付与されている権利として正しいものを，次の**a**～**d**から選び，符号で答えなさい。なお，答えは一つとは限りません。また，**ない場合は「なし」**と答えなさい。

a 国政選挙において，国民の幸せを叶える政策を掲げている政党を選ぶ。
b 政策の是非について署名活動を行う等，世論を形成する。
c 内閣総理大臣や国務大臣のリコールを行う。
d 政策案に対して，パブリックコメントを行う。

(4) **ウ**について，調べた結果，選挙制度は「少数意見の尊重」と「過半数」を原則とする「多数決」というしくみが採用されていることが明らかとなりました。この結果から，**エ**について**50字程度**で具体的に述べなさい。

(5) **オ**について，ミックさんのグループは，資料からどんなテーマを設定したと考えますか。「なぜ」という書き出しで，３つ書きなさい。

《ジェンダーギャップ指数》

ジェンダーギャップ指数とは，男女間の格差の状態や度合いを示す指数。世界経済フォーラムが2006年から毎年公表している。
経済・政治・教育・健康の４分野に14個の項目があり，それぞれの項目は女性と男性の比率で計算される。指数は１に近づくほど男女平等が進んでおり，０に近づくほど男女格差が大きくなっていると判断される。
2023年，最も男女間の格差がない国はアイスランド。
日本は世界125位で，過去最低の結果となった。

令 和 6 年 度

宮崎第一高等学校入学者選抜学力検査問題

（1月24日　第4時限　12時15分～13時00分）

理　　　科

（普通科・国際マルチメディア科・電気科）

（注　　　意）

1．「始め」の合図があるまで，このページ以外のところを見てはいけません。

2．問題用紙は，表紙を除いて8ページで，問題は4題です。

3．「始め」の合図があったら，まず解答用紙に出身中学校名，受験番号と氏名を記入し，次に問題用紙のページ数を調べて，抜けているページがあれば申し出てください。

4．答えは，必ず解答用紙に記入してください。

5．印刷がはっきりしなくて読めないときは，静かに手をあげてください。問題内容や答案作成上の質問は認めません。

6．「やめ」の合図があったら，すぐ筆記用具をおき，問題用紙と解答用紙を別にし，裏返しにして，机の上においてください。

問題用紙は持ち帰ってもかまいません。

理　科　１

１　大輔と紗世は，マツバボタンの花の色の遺伝について調べるため，次の実験１，２を行った。これについて，あとの問いに答えなさい。ただし，マツバボタンの花の色を赤にする遺伝子をＡ，白にする遺伝子をａとする。この場合，遺伝子の組み合わせはＡＡ，Ａａ，aaの3種類となる。また，マツバボタンの体細胞の核の中の染色体数は18本である。

実験１　①赤い花をつける純系のマツバボタンと②白い花をつける純系のマツバボタンを親としてかけ合わせた。このとき，種子をまいて育った子の代の株は，すべて③赤い花をつける株であった。次に，子の代の赤い花をつける株を自家受粉させた。このときできた種子をまいて育った孫の代の株には，④赤い花をつける株と⑤白い花をつける株があった。

実験２　**実験１**の孫の代の赤い花をつける株の中から２株を選んで，株Ｘと株Ｙとした。株Ｘと株Ｙの赤い花をそれぞれ白い花をつける株とかけ合わせた。このときできた種子をまいて育った「赤い花をつける株」と「白い花をつける株」の数は，株Ｘと白い花のかけ合わせの場合は「赤い花：白い花＝25株：25株」，株Ｙと白い花のかけ合わせの場合は「赤い花：白い花＝50株：0株」であった。

この結果をもとに大輔と紗世が下記のような会話をした。

大輔：実験の結果分析の前に，マツバボタンの分類について考えてみよう。植物の分類では，種子をつくるから種子植物だね。

紗世：そうよ。種子植物のうち，胚珠が子房の中にあるので（　ａ　）植物で，さらに子葉が２枚で，根は主根や側根があるので（　ｂ　）子葉類だね。

大輔：花のつくりは，ツツジのように花弁がくっついていないから（　ｃ　）弁花だね。

紗世：生殖細胞をつくるときの特別な細胞分裂を（　ｄ　）というけど，マツバボタンの胚珠の中の卵細胞の染色体数は（　ｅ　）本だね。卵細胞が精細胞と受精をすると受精卵は（　ｆ　）本になるね。

大輔：そうだね。じゃ，次に**実験１，２**の分析をしてみよう。

紗世：**実験１**の①の遺伝子の組み合わせは（　ｇ　）で，③の遺伝子の組み合わせは（　ｈ　）だね。

大輔：**実験２**では，結果をもとに考えると株Ｘの遺伝子の組み合わせは（　ｉ　）であり，株Ｙの遺伝子の組み合わせは（　ｊ　）であることがわかるね。**実験１**の孫の代の④赤い花をつける株のなかでは，株Ｘと同じ遺伝子の組み合わせをもつ株の数は，株Ｙと同じ遺伝子の組み合わせをもつ株の数のおよそ（　ｋ　）倍となるね。

紗世：結果分析を通して，遺伝について理解が深まったわ。

⑴　左記の二人の会話文の空欄に適語を答えなさい。ただし，(g)から(j)はＡＡ，Ａａ，ａａのいずれかで答えなさい。

⑵　**実験1**の孫の代の④赤い花をつける株と⑤白い花をつける株をすべて自家受粉させ，このときできた種子をすべてまいて株を育てた。1つの株からできる種子の数はすべて同じだとすると，育てた株の(i)ＡＡ：Ａａ：ａａの比，並びに(ii)**赤い花**：**白い花**の比を答えなさい。

⑶　**実験1**の①と②のような交配の場合，一般的につぼみの時期におしべを取り除く。その理由を簡潔に答えなさい。

理　科　3

2　次の【Ⅰ】・【Ⅱ】の問いに答えなさい。

【Ⅰ】 次の(1)～(5)の問いに，それぞれ適切な語句または数値で答えよ。

(1) リチウムイオン電池のように，外部から逆向きの電流を流すと低下した電圧が回復してくり返し使うことができる電池のことを何電池というか。**漢字二文字**で答えよ。

(2) 反応前後の化学エネルギーの大きさを比べたとき，反応前の方が反応後よりもエネルギーが大きい場合，そのような反応を何反応というか。**漢字二文字**で答えよ。

(3) 原油は沸点のちがいを利用して，石油ガスや灯油，重油など，いくつかの種類に分離することができる。このような分離方法を何というか。**漢字**で答えよ。

(4) 次の化学反応式にある（　　）に適切な数値を入れて化学反応式を完成させた場合，（　あ　）に当てはまる数字を**整数**で答えよ。

（　　）Ag_2O ➡ （　あ　）Ag ＋（　　）O_2

(5) マグネシウムイオンはMg^{2+}で表される。マグネシウム原子がマグネシウムイオンになる変化を，**e^-（電子）を用いた反応式**で表せ。

【Ⅱ】 同じ濃度の水溶液A，B，Cがある。水溶液A，B，Cは，塩酸，硫酸，水酸化ナトリウム水溶液，水酸化バリウム水溶液のいずれかである。水溶液A，B，Cを用いて実験をおこない，次の実験結果1～4を得た。これらに関して，あとの問いに答えよ。

実験結果1　**水溶液A** 10mLを中和するのに，**水溶液B** 10mLを要した。

実験結果2　**水溶液A**と**水溶液C**は中和反応しなかった。

実験結果3　**水溶液B**に鉄を加えると，気体が発生した。

実験結果4　**水溶液B** 10mLと**水溶液C** 10mLの混合溶液にBTB溶液を加えると，混合溶液は黄色になった。

(1) 中和反応について述べられた次の文章の空欄（　あ　）～（　か　）にあてはまる適切な語句を答えよ。ただし，空欄（　い　），（　う　），（　え　）には適切な**化学式**で，空欄（　お　），（　か　）には「大き」または「小さ」のいずれかの語句でそれぞれ答えること。

酸は，水溶液にしたとき（　あ　）して，（　い　）を生じる化合物のことである。一方，塩基は，水溶液中で（　う　）を生じる化合物のことである。中和反応では，（　い　）と（　う　）が反応して（　え　）が生じる。また，酸の水溶液では，pHは7より（　お　）い値を示し，この水溶液に塩基の水溶液を加えていくと，pHの値は（　か　）くなっていく。

(2) **水溶液A，B，C**として考えられるのは何か。「塩酸」，「硫酸」，「水酸化ナトリウム水溶液」，「水酸化バリウム水溶液」から最も適切なものを選び，それぞれ答えよ。

(3) **実験結果1**について，**水溶液A** 10mLにあらかじめ数滴のフェノールフタレイン溶液を加えてから**水溶液B**を加えていった場合，溶液の色はどのように変化していくか。例にならって答えよ。

例） 黒色 → 緑色

(4) **水溶液A** 10mLと**水溶液B** 15mLの混合溶液を中和するのに必要な**水溶液C**の体積は何mLか。

(5) **実験結果4**について，**水溶液B**に**水溶液C**を加えていく過程で，イオンの総数はどのように変化していくか。最も適切なものを一つ選び，（a）～（d）の記号で答えよ。ただし，縦軸はイオンの総数，横軸は加えた**水溶液C**の体積（mL）を表している。

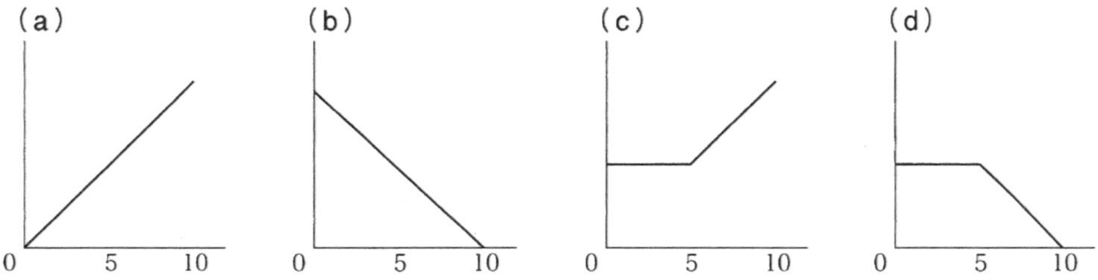

(6) **水溶液A，B，C**のうち，どれか一つだけ水で薄めて濃度をはじめの半分にした。その後，**水溶液A，B，C**をそれぞれ10mLずつ加えると，水溶液は中性になった。水で薄めて濃度をはじめの半分にしたのは**水溶液A，B，C**のどれか。「**水溶液A**」，「**水溶液B**」，「**水溶液C**」のいずれかで答えよ。

3　次の【Ⅰ】・【Ⅱ】の問いに答えなさい。

【Ⅰ】　質量が600ｇで一辺の長さが10cmの立方体をした物体Ａがある。次の図１から図３を見て，(1)～(4)の問いに答えなさい。ただし，100ｇにはたらく重力の大きさを１Ｎとする。

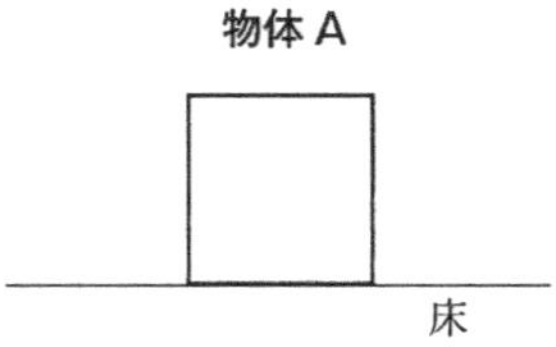

図１

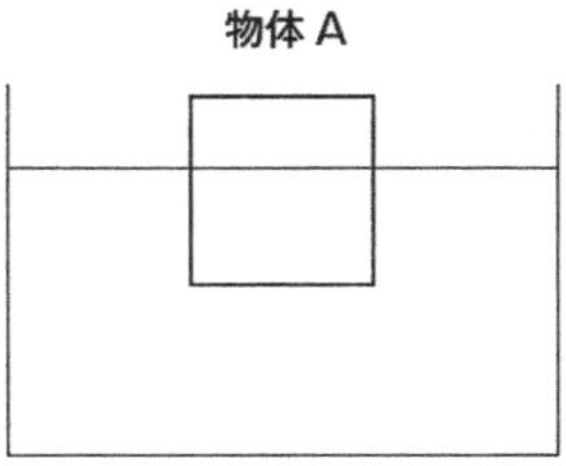

図２

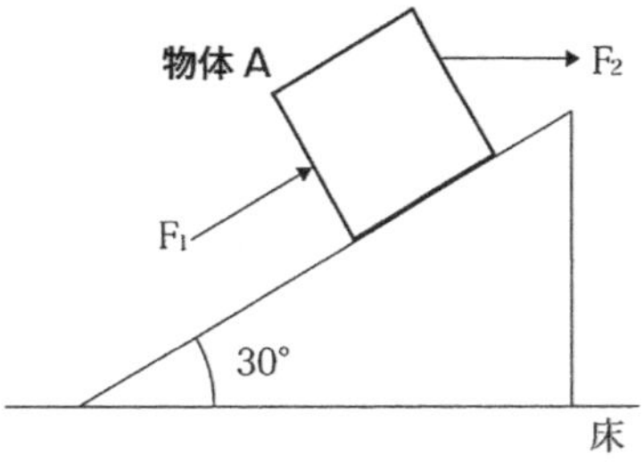

図３

(1)　**物体Ａ**の密度は何ｇ/cm^3か，求めなさい。

(2)　**図１**のように，**物体Ａ**を平らで水平な床の上に置いたとき，**物体Ａ**の底面が床に及ぼす圧力は何N/cm^2か，求めなさい。ただし，大気の圧力はないものとする。

(3)　**図２**のように，深い水そうに**物体Ａ**を静かに入れたところ一部を水面上に出して静止した。次の①～③に答えなさい。ただし，水の密度は１ｇ/cm^3とする。

①　**物体Ａ**にはたらく浮力の大きさは何Nか，求めなさい。

②　水面の上に出ている**物体Ａ**の高さは何cmか，**物体Ａ**の60%の体積が水に沈んでいるとして，求めなさい。

③　さらに，**物体Ａ**の上面に垂直にゆっくり力を加えて，この**物体Ａ**をすべて沈めるには何Nの力が必要か，求めなさい。

(4)　**図３**のように，平らで水平な床に固定された傾き30°の斜面がある。その斜面上に**物体Ａ**を置き，力F_1またはF_2を加えて静止させた。次の①，②について，それぞれ答えなさい。ただし，斜面には摩擦はないものとする。また，必要があれば，$\sqrt{2}=1.4$，$\sqrt{3}=1.7$として計算しなさい。

①　斜面に平行に力F_1のみを加えて**物体Ａ**を静止させた場合，この力F_1の大きさは何Nか，求めなさい。

②　床に平行に右向きの力F_2のみを加えて**物体Ａ**を静止させた場合，この力F_2の大きさは何Nか，求めなさい。

【Ⅱ】 電流のはたらきや磁界の性質を調べるために，次の図４のような電気回路をつくった。

電源Ｅは12Ｖ，電気抵抗R_1，R_2，R_3はそれぞれ４Ω，４Ω，２Ωの抵抗の大きさがあり，Ｓはスイッチである。また，導線ｂｃは，上方にＮ極，下方にＳ極の磁石ではさまれている。以下の問いに答えなさい。

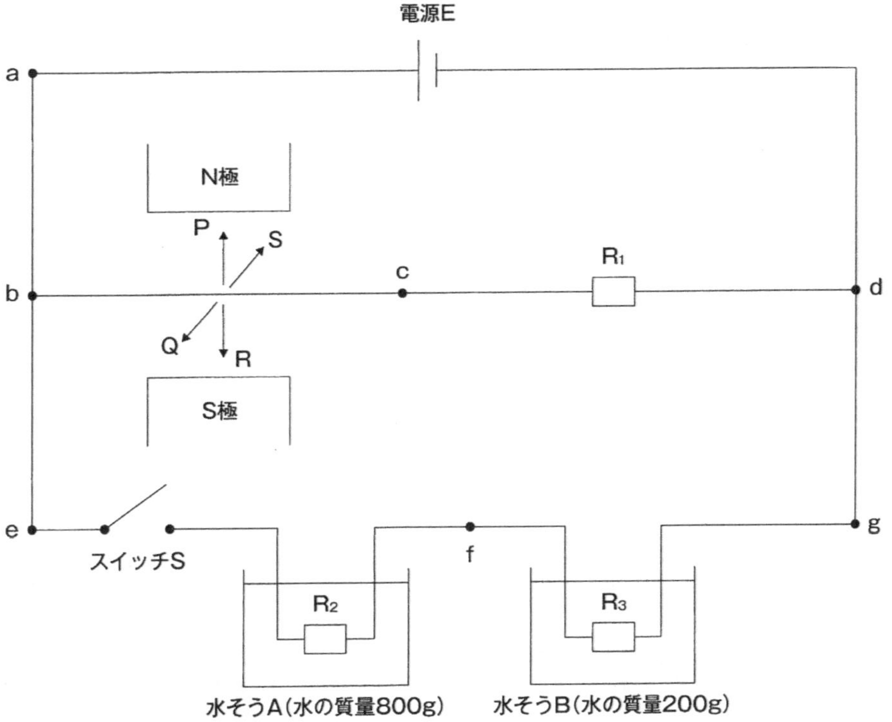

図４

スイッチＳを開いているとき，次の⑴，⑵の問いに答えなさい。

⑴　ａを流れる電流の大きさは何Aか，求めなさい。

⑵　導線ｂｃはＰ（上），Ｑ（手前），Ｒ（下），Ｓ（奥）どの向きに力を受けるか，記号Ｐ，Ｑ，Ｒ，Ｓで答えなさい。

スイッチＳを閉じたとき，次の⑶～⑸の問いに答えなさい。

⑶　ａを流れる電流は何Aか，R_1とR_2，R_3は全体として並列つなぎになっていることを考えて，求めなさい。

⑷　抵抗R_2，R_3で消費される電力W_2，W_3の比$W_2 : W_3$は何対何か，最も簡単な**整数**の比で表しなさい。

⑸　**水そうＡ**（水の質量800ｇ）と**水そうＢ**（水の質量200ｇ）の水温の上昇T_2，T_3の比$T_2 : T_3$は何対何か，消費電力を考えて，最も簡単な**整数**の比で表しなさい。

4　次の記録は，ある山に出かけたときのものである。あとの問いに答えなさい。

記録１　山に出かける前に自宅から空を観察すると，雲の割合は全天の４割だった。

記録２　山に到着し，山の岩石の特徴を調べると次のことがわかった。

＜岩石の特徴＞

・　肉眼で観察すると，全体的に白っぽい色をしているが，黒っぽい粒も見られる。

・　ルーペで観察すると，ところどころに大きな鉱物が見られるが，そのまわりには小さな粒がつまっている。

記録３　山付近の空を観察すると，ある地点を境に雲ができており，そこから上は雲におおわれていた。

(1)　**記録１**における天気とその記号の組合せとして最も適するものを，次の**ア**～**カ**から１つ選び，記号で答えなさい。

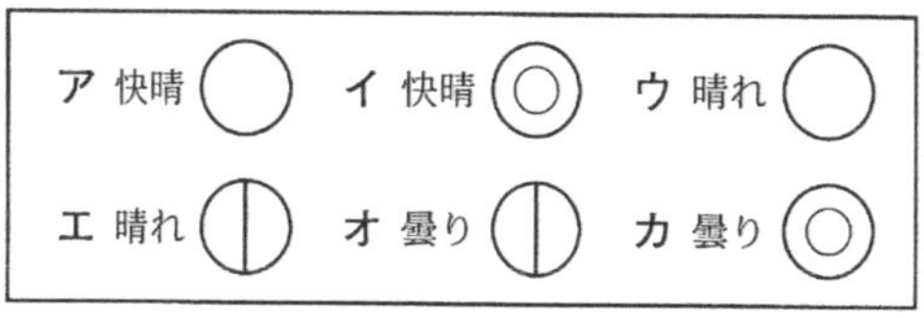

(2)　**記録２**について，この岩石のスケッチとして適当なものは次の**図１**，**図２**のどれか。図の番号で答えなさい。また，**図１**のａ，ｂの部分の名称を答えなさい。

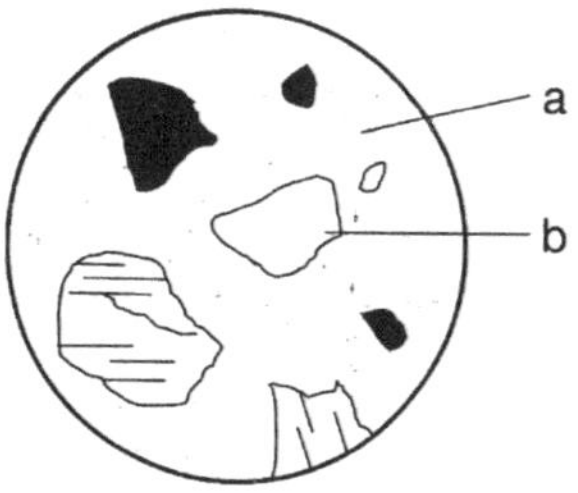

図１

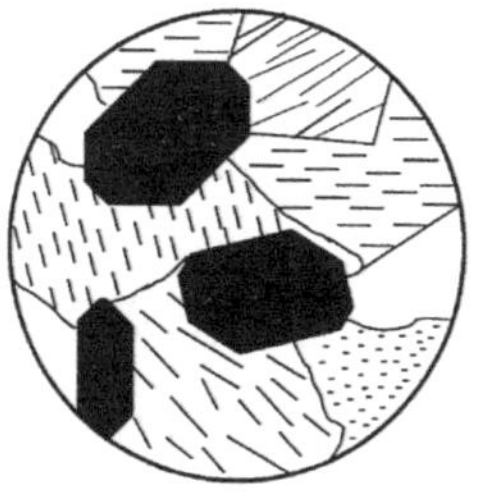
図２

(3)　**記録２**よりこの山の岩石はどのようにしてつくられたと考えられるか。最も適当なものを，次の**ア**～**ウ**から１つ選び，記号で答えなさい。

ア　海底に堆積した砂や泥が固まり，その後隆起したことによって地表に出てきた。
イ　マグマが地下深くでゆっくりと冷やされて固まり，その後隆起したことによって地表に出てきた。
ウ　ねばり気のあるマグマが噴出し，急に冷やされて固まってできた。

(4) **記録２**について，この山の岩石の鉱物の成分を調べてみると，岩石中の二酸化ケイ素SiO_2の質量%が60%で，カクセン石やキ石を多く含むことがわかった。下の**表１**は岩石に含まれるSiO_2の質量%と岩石の種類を示したものである。この表をもとに，この山で見られた岩石の名称を答えなさい。

SiO_2量（質量%）		約45%	約52%	約66%
火山岩名		玄武岩	安山岩	流紋岩
深成岩名		斑れい岩	閃緑岩	花こう岩

表１

(5) **記録３**で，雲ができた地点の地表からの高さは500mであった。このときの地表の気温は18℃で，雲ができていない場合は地表から100m上昇するごとに気温は１℃低くなることが知られている。また下の**表２**は各温度における飽和水蒸気量の関係を示している。

温度〔℃〕	9	10	11	12	13	14	15	16	17	18
飽和水蒸気量〔g/cm^3〕	8.8	9.4	10.0	10.7	11.4	12.1	12.8	13.6	14.5	15.4

表２

① 雲ができた地点の気温は何℃だと考えられるか。

② ①と**表２**をもとに，地表での湿度を求めなさい。

令 和 6 年 度

宮崎第一高等学校入学者選抜学力検査問題

（1月24日　第5時限　13時10分～13時55分）

英　　語

（普通科・国際マルチメディア科・電気科）

（注　　　意）

1．「始め」の合図があるまで，このページ以外のところを見てはいけません。
2．問題用紙は，表紙を除いて7ページで，問題は6題です。
3．「始め」の合図があったら，まず解答用紙に出身中学校名，受験番号と氏名を記入し，次に問題用紙のページ数を調べて，抜けているページがあれば申し出てください。
4．答えは，必ず解答用紙に記入してください。
5．印刷がはっきりしなくて読めないときは，静かに手をあげてください。問題内容や答案作成上の質問は認めません。
6．「やめ」の合図があったら，すぐ筆記用具をおき，問題用紙と解答用紙を別にし，裏返しにして，机の上においてください。

問題用紙は持ち帰ってかまいません。

英　語　1

1　次の(1)～(15)の英文の空所に入れるのに最も適当なものを，それぞれあとの選択肢①～④のうちから1つずつ選び，記号で答えなさい。

(1) (　　　) you do your homework yesterday?
① Are　② Do　③ Were　④ Did

(2) She usually (　　　) to school by bus.
① come　② came　③ go　④ gone

(3) There (　　　) twelve months in a year.
① is　② am　③ are　④ were

(4) I know all of (　　　).
① they　② their　③ them　④ theirs

(5) I think Miyazaki is (　　　) than Osaka.
① nice　② good　③ better　④ best

(6) Your baby (　　　) walk soon.
① will can　② will be able to　③ be able to　④ can will

(7) Were you (　　　) to the party?
① invite　② invited　③ invites　④ inviting

(8) Would you like (　　　) drink?
① something cold to　② some cold to
③ cold something　④ cold to

(9) (　　　) up early is good for your health.
① Get　② Getting　③ Go　④ Going

(10) That (　　　) dog is very cute.
① sleep　② sleeping　③ sleeps　④ slept

(11) The books (　　　) by Shakespeare are very famous.

① write　② wrote　③ writing　④ written

(12) (　　　) you ever climbed Mt. Fuji?

① Do　② Did　③ Were　④ Have

(13) I (　　　) the brass band club.

① belong to　② am belonging　③ am belonging to　④ belong

(14) "Hello, everyone. My name is Mash Guy McCullough, but you can (　　　) me Mash."

① call　② keep　③ make　④ leave

(15) "Please (　　　) if you have any questions.

① have me　② know　③ let me know　④ let's ask

英　語　3

2　次の(1)～(5)の日本文に合うように，[　　　] 内の語句を並べかえなさい。そして，２番目と４番目にくるものの最も適当な組み合わせを，それぞれあとの選択肢ア～エのうちから１つずつ選び，記号で答えなさい。

(1)　その問題を理解することは私達にとって重要だ。

It is [to / understand / important / for / us] the problem.

It is ________ ________ ________ ________ ________ the problem.

↑２番目　↑４番目

ア　to - for　　イ　to - understand　　ウ　for - to　　エ　for - understand

(2)　サラは生徒が英語の記事を書くのを手伝いました。

Sarah [write / helped / her students / article / an English] .

Sarah ________ ________ ________ ________ ________.

↑２番目　↑４番目

ア　her students - an English　　イ　helped - article

ウ　write - an English　　エ　an English - helped

(3)　ジェフリーは生徒に一生懸命勉強してほしいと思っています。

Jeffrey [his students / hard / wants / to / study] .

Jeffrey ________ ________ ________ ________ ________.

↑２番目　↑４番目

ア　his students - hard　　イ　to - study

ウ　his students - study　　エ　to - hard

(4)　あなたは明日早起きする必要はありません。

You [have / get / don't / up / to] early tomorrow morning.

You ________ ________ ________ ________ ________ early tomorrow morning.

↑２番目　↑４番目

ア　don't - have　　イ　don't - get　　ウ　have - to　　エ　have - get

(5)　私は全ての中でこの花がいちばん好きです。

I like [this flower / all / the / of / best].

I like ________ ________ ________ ________ ________.

↑２番目　↑４番目

ア　the - of　　イ　all - the　　ウ　this flower - best　　エ　of - the

【令和六年度】国語解答用紙（普通科・国際マルチメディア科・電気科）

出身中学校　　　　中学校

受験番号

氏名

㊟ 合計欄・小計欄には何も記入しないで下さい。

文字は楷書で丁寧に書いて下さい。

一

問一　㋐　㋑　㋒　㋓　㋔

問二　A　B　C　D

問三　肉　食

問四　30

問五

問六　鳥の巣を知ることで、　ことがわかるから。

問七

合　計
※100点満点（配点非公表）

一・小計

(4)

小計

3

(1)(漢字3文字)	(2)	(3)
	→ → →	紀夫さんの考え( )・その根拠( )

(4)	(5)

(6)

小計

4

(1)(漢字4文字)	(2)			
	1	2	3	4

(3)	(4)
理由( )・説明( )	

(5)	(6)
戦争名( )・条約名( )	

小計

5

(1)	(2)	(3)

(4)

(5)

小計

3

(1)	(2)	(3)	(4)
	P(　　,　　)		R(　　,　　)

小計	

4

(1)	(2)	(3)	(4)

小計	

5

(1)	(2)	(3)	(4)	(5)
cm	cm	cm^3	cm^2	cm^3

小計	

II	(2)			(3)
	水溶液A	水溶液B	水溶液C	色→　　色

II	(4)	(5)	(6)
	mL		

小計	

3

I	(1)	(2)	(3)	
	g/cm³	N/cm²	①　N	②　cm

I	(3)	(4)	
	③　N	①　N	②　N

II	(1)	(2)	(3)
	A		A

II	(4)	(5)
	W_2 : W_3 = 　:	T_2 : T_3 = 　:

小計	

4

(1)	(2)			(3)
	図	a	b	

(4)	(5)	
	①　℃	②　%

小計	

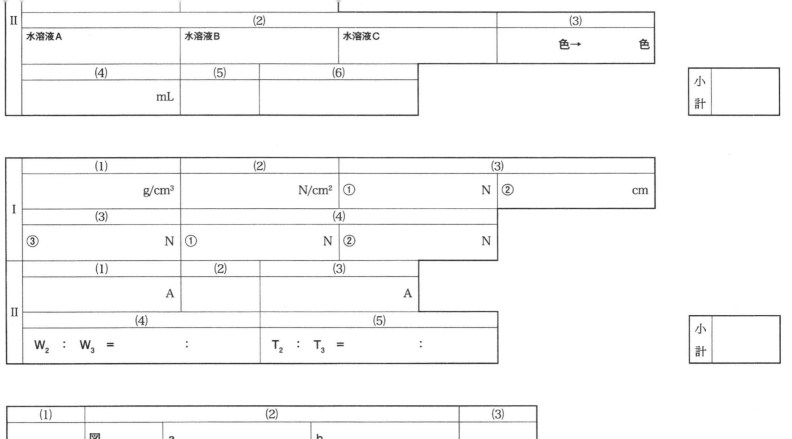

	(9)		(10)	

小計	

4	(1)	①		②		③		④		(2)	(　　　)→(　　　)→(　　　)

小計	

5	(1)	“Kenta,　　　　　　　　　　?”		
	(2)	(　　　)(　　　)(　　　)(　　　)(　　　)?		
	(3)			
	(4)		(5)	

小計	

6	(1)			
	(2)			
	(3)			

小計	

（令和６年度）英　語　解　答　用　紙（普通科・国際マルチメディア科・電気科）

出身中学校	中学校	受験番号		氏名	

㊟　合計欄・小計欄は記入しないでください。

合計	※100点満点（配点非公表）

1	(1)		(2)		(3)		(4)		(5)		(6)		(7)		(8)		(9)		(10)	
	(11)		(12)		(13)		(14)		(15)											

小計	

2	(1)		(2)		(3)		(4)		(5)	

小計	

	(1)		(2)		(3)		(4)	

【解答

（令和6年度） 理 科 解 答 用 紙 （普通科・国際マルチメディア科・電気科）

出身中学校	中学校	受験番号		氏 名	

㊟ 合計欄・小計欄は記入しないで下さい。

合計	※100点満点（配点非公表）

1

(1)			
a	b	c	d
e	f	g	h
i	j	k	

(2)			
(i)	AA ： Aa ： aa ＝ 　： 　：	(ii)	赤い花：白い花＝ 　：

(3)

小計	

2

	(1)	(2)	(3)	(4)	(5)
I	電池	反応			

	(1)

【解答

(令和6年度) 数 学 解 答 用 紙 (普通科・国際マルチメディア科・電気科)

出身中学校	中学校	受験番号		氏名	

㊟ 合計欄・小計欄は記入しないで下さい。

合計	※100点満点（配点非公表）

〔注意〕 ① 答えを分数で書くときは，約分した形で書きなさい。
② 答えに$\sqrt{}$を含む場合は，$\sqrt{}$の中を最も小さい正の整数にしなさい。
③ 円周率はπとする。

1

(1)	(2)	(3)	(4)	(5)

小計	

2

(1)				(2)	(3)	(4)
①	点以上 点未満	②				円

小計	

（令和6年度）社　会　解　答　用　紙（普通科・国際マルチメディア科・電気科）

出　身 中学校	中学校	受験番号		氏名	

㊟ 合計欄・小計欄は記入しないで下さい。

合計	※100点満点 （配点非公表）

1

(1)					
	ア	イ	ウ	エ	オ
(番号)					
(都県名)					
	カ	キ			
(番号)					
(都県名)					

(2)			
日光の社寺		富岡製糸場	

(3)

(4)

小計	

2

(1)		
①	②	③
④	⑤	⑥

(2)

【解答

二

問一
㋐
㋑
く
㋒
え
㋓
㋔

問二
ⓐ
ⓑ

問三

問四
Ⅰ
Ⅱ
5

問五

問六

二・小計

三

問一
ⓐ
ⓑ

問二
ⓘ
ⓘⓘ
ⓘⓘⓘ

問三

問四
Ⅰ
Ⅱ

問五

問六

三・小計

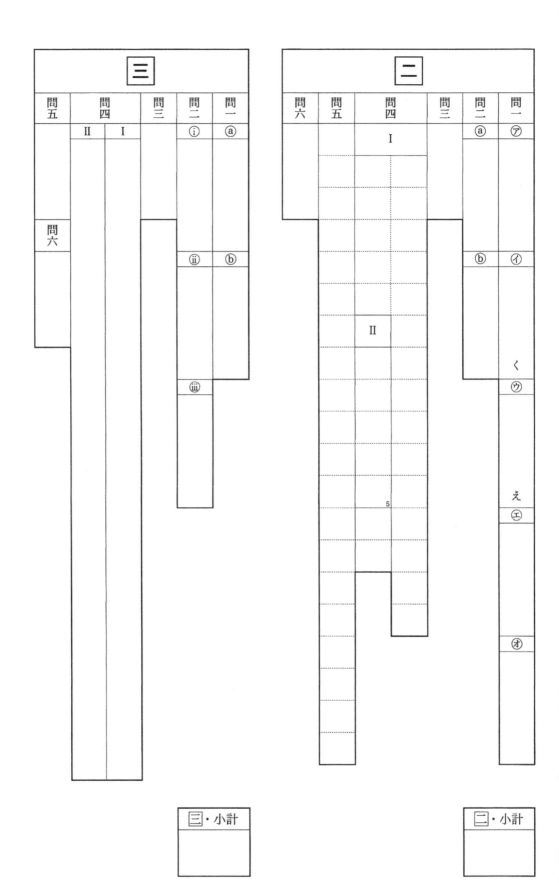

3 次の(1)〜(10)の日本文に合うように，空所に入る適語を英語１語で書きなさい。

(1) 彼は病院で働いています。
He works at the ( ).

(2) 11月は祝日が２日あります。
There are two national holidays in ( ).

(3) 彼女の両親は２人とも音楽家でした。
Both her parents were professional ( ).

(4) 東京五輪は2021年に開催された。
The Tokyo ( ) Games were held in 2021.

(5) 彼は日本が生んだ最も偉大な科学者の１人です。
He is one of the greatest ( ) that Japan has ever produced.

(6) 買い物に行きましょう。
Let’s go ( ).

(7) そのお店は火曜日は遅くまで開いている。
The store is open late only on ( ).

(8) 私の兄は40歳です。
My brother is ( ) years old.

(9) 飛行機で宮崎から福岡まで約50分です。
It takes about fifty minutes by ( ) from Miyazaki to Fukuoka.

(10) この番組はコカ・コーラの提供でお届けしました。
This program was ( ) to you by Coca-Cola.

4　次は，アメリカ出身のジョン（John）と，ジョンのホームステイ先の小川優子の家族との会話です。この対話をもとに，あとの問いに答えなさい。

This is John's second day at Yuko's house. He is now having dinner with Yuko and her parents.

Mr. Ogawa: Would you like some more?
John: (①) I've had enough. The dinner was very good. Can I help you? I want to be a member of the family. I want to do some work.
Mrs. Ogawa: Thank you. Then, can you wash the dishes with Yuko?
John: (②)
Yuko: John, what kind of housework do you do in America?
John: Well, I wash the dishes with my sister every evening. On Saturday I often cook with my father.
Mr. Ogawa: Oh, do you? I often cook, too. (③) We can do it next Sunday.
John: That will be fun!
Yuko: I'm looking forward to the dinner on Sunday.
Mrs. Ogawa: Oh, I am, too. (④)
John: Yes, she does. She is a teacher at a school. [( ) → ( ) → ( )] My sister and I help them every day.
Yuko: You all do the work at your house?
John: Yes. I think sharing the housework is important. It is good for the family, too.
Yuko: That's right. John, shall we start washing?

(1) 本文中の（ ① ）～（ ④ ）に入れるのに最も適当なものを，それぞれあとの選択肢ア～クのうちから1つずつ選び，記号で答えなさい。

ア　No, we can't cook it.
イ　Why don't you cook dinner with me?
ウ　No, thank you.
エ　Does your mother always stay at home?
オ　Sure.
カ　But you have never cooked before.
キ　John, does your mother have a job?
ク　Yes, please.

(2) 本文中の [( ) → ( ) → ( )] のそれぞれの（　　）が自然な流れになるように，下のア～ウの選択肢を並べかえ，解答欄に合うように書きなさい。

ア　From Thursday to Saturday my father does.
イ　She is always very busy, so my family shares the work at my house.
ウ　For example, from Monday to Wednesday my mother cooks dinner.

5　次のケンタが書いた英文を読んで，あとの問いに答えなさい。

One day, my father came home with a card. He said to me, ①"Kenta, [know / is / do / this / you / what]?" I said, "No. I have never seen such a card like that. What is it?" Then he said, "It's a donor card. We watched the news about it on TV a few days ago." I saw a real donor card for the first time and I got interested.

I talked about the donor card with my family. My sister said to my father, "(　②　)" "I got it at the post office," he answered. My mother said, ③"We can get one at several places, (　　) (　　)?" My father said, "Yes. Lots of people need an organ transplant. They can't live without an organ transplant. They need the right person to save them. (　④　) do you think about the problem?" After thinking for a few minutes, I said, "I think it's a difficult problem and I don't know what (　⑤　) do now."

(1)　下線部①が正しい英文になるように，[　　]内の語を並べかえなさい。

(2)　本文中の（　②　）には，ケンタの妹の質問が入ります。父親の返事を参考にして，その質問を5語の英文1文で書きなさい。ただし，記号は語数に含みません。

(3)　下線部③の英文が，「私たちはいくつかの場所でそれを手に入れることができますね。」と念を押す言い方になるように，2つの空所に適する語を書きなさい。

(4)　本文中の（　④　）に入れるのに最も適当なものを，あとの選択肢ア～エのうちから1つ選び，記号で答えなさい。

ア　What　　イ　Who　　ウ　Whose　　エ　How

(5)　本文中の（　⑤　）に入れるのに最も適当なものを，あとの選択肢ア～エのうちから1つ選び，記号で答えなさい。

ア　for　　イ　from　　ウ　to　　エ　at

英　語　7

6　次の(1)〜(3)の日本文に合うように，空所に適切な語を書きなさい。

(1) 私達は毎日一生懸命勉強します。
We (　　　　) (　　　　) (　　　　) day.

(2) 最近は，いやおうなしに英語を使っていかなければならない。
These days, we (　　　　) (　　　　) (　　　　) English.

(3) 私は小さい頃は泣き虫でした。
I (　　　　) a lot (　　　　) I (　　　　) a small kid.

令 和 6 年 度

宮崎第一高等学校入学者選抜学力検査問題

（1月24日　第3時限　10時50分～11時35分）

数　　　学

（普通科・国際マルチメディア科・電気科）

（注　　　意）

1．「始め」の合図があるまで，このページ以外のところを見てはいけません。
2．問題用紙は，表紙を除いて5ページで，問題は5題です。
3．「始め」の合図があったら，まず解答用紙に出身中学校名，受験番号と氏名を記入し，次に問題用紙のページ数を調べて，抜けているページがあれば申し出てください。
4．答えは，必ず解答用紙に記入してください。
5．印刷がはっきりしなくて読めないときは，静かに手をあげてください。問題内容や答案作成上の質問は認めません。
6．「やめ」の合図があったら，すぐに筆記用具をおき，問題用紙と解答用紙を別にし，裏返しにして，机の上においてください。

問題用紙は持ち帰ってかまいません。

数　学　1

1　次の各問いに答えなさい。

(1)　$\left(\frac{1}{2}\right)^2-\left(-\frac{1}{3}\right)+\left(-\frac{1}{4}\right)$ を計算しなさい。

(2)　$\sqrt{40}\times\sqrt{50}$ を計算しなさい。

(3)　$(x+4)^2-(x+2)(x+8)$ を展開しなさい。

(4)　$3x^2-27y^2$ を因数分解しなさい。

(5)　2次方程式 $3x^2-9x+5=0$ を解きなさい。

2 次の各問いに答えなさい。

(1) 右のヒストグラムは，あるクラスの数学のテストの得点をまとめたものである。

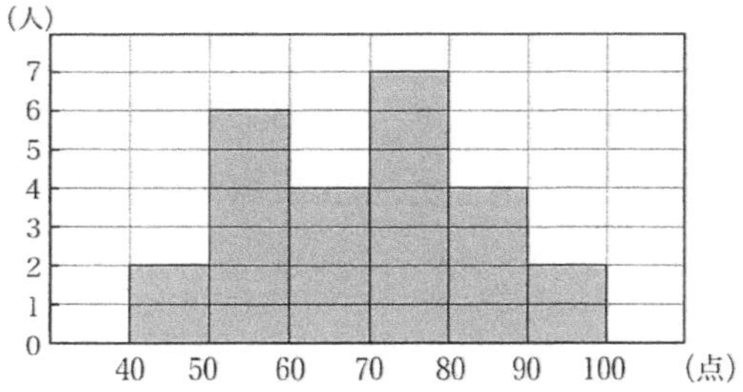

① 中央値が含まれる階級を答えなさい。

② 60 点以上 70 点未満の階級の相対度数を求めなさい。

(2) $\sqrt{11}$ の小数部分を a とするとき，$a(a+6)$ の値を求めなさい。

(3) 大小 2 つのさいころを同時に 1 回投げるとき，出た目の数の和が 9 以上になる確率を求めなさい。

(4) ある本を，A さんは定価の15％引きで，B さんは定価の300円引きで買ったところ，A さんはB さんより180円安く買うことができた。この本の定価を求めなさい。

数　学　3

3　右の図のように，放物線 $y=\frac{1}{2}x^2$ と，2点（−4，0），（0，4）を通る直線 ℓ がある。原点をOとする。

また，放物線と直線 ℓ の交点のうち，x 座標が正であるものを点P，x 座標が負であるものを点Qとする。このとき，次の問いに答えなさい。

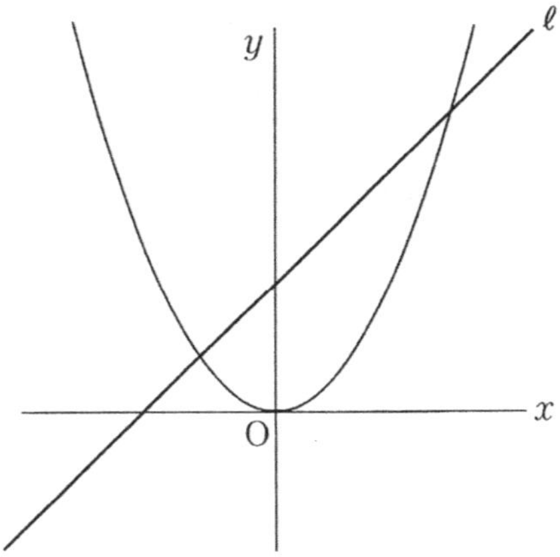

(1)　直線 ℓ の式を求めなさい。

(2)　点P の座標を求めなさい。

(3)　△OPQ の面積を求めなさい。

(4)　放物線上に △OPQ＝△PQR となるように，原点Oと異なる点Rを，直線 ℓ より下側にとる。点Rの座標を求めなさい。

4　奇数を並べた下のような表がある。このとき，縦横 2 個ずつ並んだ 4 つの数を□で囲み，その 4 つの数の和を考える。例えば，①で囲まれた 4 つの数の和を求めると 88 である。次の問いに答えなさい。

1 ①	13	25	37	49	61	…
3	15	27	39	51	63	…
5	17	29	41	53	…	
7	19	31	43	55	…	
9	21	33	45	57	…	
11	23	35	47	59	…	

(1)　4 つの数のうち左上の数が65のとき，□で囲まれた 4 つの数の和を求めなさい。

(2)　4 つの数のうち左上の数を x としたとき，その真下の数を x を用いて表しなさい。

(3)　(2)のとき，4 つの数のうち右上の数を x を用いて表しなさい。

(4)　□で囲まれた 4 つの数の和が 2024 になるとき，その 4 つの数のうち左上の数を求めなさい。

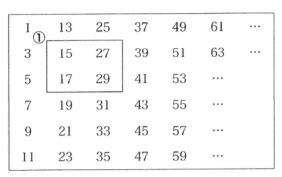

5　右の図のような直角三角形ABCがある。頂点Bから辺ACに下ろした垂線と辺ACとの交点をDとするとき，△ABC∽△BDCであることを利用して次の問いに答えなさい。

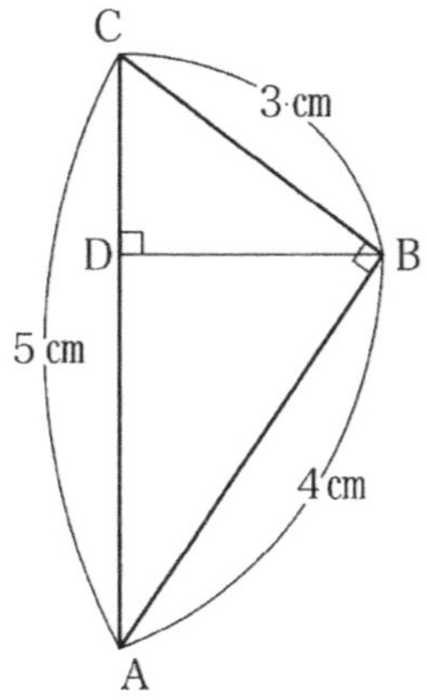

(1)　線分BDの長さを求めなさい。

(2)　線分CDの長さを求めなさい。

(3)　△ABCを辺ABを軸として1回転させてできる立体の**体積**を求めなさい。

(4)　△ABCを辺BCを軸として1回転させてできる立体の**表面積**を求めなさい。

(5)　△ABCを辺ACを軸として1回転させてできる立体の**体積**を求めなさい。

令 和 5 年 度

宮崎第一高等学校入学者選抜学力検査問題

（1月25日　第1時限　9時00分～9時45分）

国　　語

（普通科・国際マルチメディア科・電気科）

（注　　　意）

1．「始め」の合図があるまで，このページ以外のところを見てはいけません。
2．問題用紙は，表紙を除いて11ページで，問題は3題です。
3．「始め」の合図があったら，まず解答用紙に出身中学校名，受験番号と氏名を記入し，次に問題用紙のページ数を調べて，抜けているページがあれば申し出てください。
4．答えは，必ず解答用紙に記入してください。
5．印刷がはっきりしなくて読めないときは，静かに手をあげてください。問題内容や答案作成上の質問は認めません。
6．「やめ」の合図があったら，すぐに筆記用具をおき，問題用紙と解答用紙を別にし，裏返しにして，机の上においてください。

問題用紙は持ち帰ってかまいません。

一　次の文章を読んで、後の問いに答えなさい。（作問の都合上、原文の一部を変更しています。）

以上から、種の絶滅を防ぐべきだという主張の最終的な㋐コンキョは、全体としての生態系の健全さを維持するため、ということになるかと思います。

しかし、どのような生態系が健全なのかに関しては意見が分かれています。どういう状態が健全なのか、あるいはどの時代の生態系が理想形なのか、に関しては㋑メイカクな答えは出ないと思われます。というのも近年の生態学の研究から、生態系はダイナミックに変化するものだということが分かってきているからです。

そのことに関連して、最初にふれたような疑問が発せられることになります。①長い期間をとれば種の絶滅は自然にたくさん起こっていることであり、それをあえて止めなければならないのはなぜなのか、という疑問です。

種の絶滅は、自然にたくさん起こっている。このことは生物多様性の保全に関わっている人たちも㋒ショウチしています。問題は、一、これまでにないスピードで大量の種が絶滅していること、そして、二、それが人間活動のせいだということ、この二点にあります。

一つ目の、絶滅のスピードが速いという点について見ていきましょう。過去を振り返れば、恐竜の絶滅期のように、種が大量に絶滅した時期が五回ありました。現在はそれらにⓐ匹敵する六回目の大量絶滅が起こっていると言われています。つまり今問題となっている絶滅は、長い目で見て自然に生じている絶滅ではなく、急速に大量に起こっている絶滅なのです。

（　A　）二つ目ですが、現在の大量絶滅と過去の五回の大量絶滅には違いがあり、現在の大量絶滅は人間の経済活動（森林伐採など）によって引き起こされたものです。

一般に、自然界で起こることには人間の責任はないと考えられています。責任というのは、自由な選択ができる主体に属するものです。

（　B　）この本の内容については、私に責任が生じています。私は自分の判断で過去の学説を引用し、自由に意見を書いているからです。間違ったことや人を傷つけることを書いたら、㋓ヒナンの対象になります。

（　C　）、台風が直撃して家が壊れた場合には、台風に責任を問うことはできません。台風は自然現象であって、台風が家を壊すか壊さないかについての自由な選択の結果、家を壊したわけではないからです。

（　D　）、自然に起こった過去の大量絶滅については、人間に責任はないけれども、今回の大量絶滅は人間活動が原因であるため、人間に責任が生じているのです。

（中略）

以上の話から、生物種の絶滅を防ぐべき理由は生態系の健全さを維持すべきだからであり、しかも現在の生物種の絶滅はスピードが速く人間活動が原因となっているので、生物種の絶滅を防ぐ責任が人間にある、ということが理解されたかと思います。

これらの説明は、第一章でふれた「人間非中心主義」のなかの「**生態系中心主義**」という立場に立ったものです。つまり、人間のためというよりは、生態系のために生態系を守ろう、そのために種の絶滅を防ごう、という主張です。

それとは別に、生物種の絶滅は人間にとっても残念なことだろう、という考え方もあります。これを「**人間中心主義**」（自然ではなく人間本位にものを考える立場）として㋔キラう人もいますが、②私は重要な論点だと思っています。

二〇一四年にＩＵＣＮ（国際自然保護連合）はウナギを絶滅危惧種に指定しました。ウナギは今も普通に売られているので意外だと感じる人も多いでしょう。しかしこのままの状態で生産と消費が続けば、近い将来、食卓にウナギがのぼらなくなる恐れがあります。

これは第2章で取り上げた世代間倫理の話に関わってきます。このままウナギが絶滅したならば、世代間に大きな不公平が生じることになります。つまり、現在の我々は「ウナギって美味《おい》しいね」と言ってたくさん食べることができていますが、将来の世代はその楽しみをⓑ享受することができないことになります。そして将来の世代は、時間をさかのぼって過去の世代（つまり私たち）に文句を言うことができないのです。

さらに二〇二〇年にはマツタケが絶滅危惧種に指定されました。ウナギやマツタケのように食文化に関わるものについては、次のような論点もあります。商店街を調べていて、「江戸時代にはここにはウナギ屋があった」ということを知ったとき、私たちは過去とのつながりを感じることができます。ウナギ屋がどういうものかを私たちは知っていますし、ウナギ屋が江戸時代から存在することも知っているからです。マツタケを食べたことがある人はもちろん、仮にマツタケを食べたことがなくても、マツタケが何かはご存じでしょう。ドラマやマンガなどで「高級食材の③代名詞」として使われるからです。しかし将来の人々はウナギもウナギ屋の風景も、マツタケがⓒ喚起する高級なイメージも、実感できなくなっているかもしれません。種の絶滅は文化や歴史の断絶にもつながるのです。

（吉永明弘『はじめて学ぶ環境倫理』ちくまプリマー新書より）

問一 ══線㋐～㋔のカタカナを漢字に直しなさい。

問二 ～～線ⓐ～ⓒの意味として最も適切なものを、下のア～エの中からそれぞれ選び、記号で答えなさい。

ⓐ 匹敵する
ア 他とは比べ物にならない。
イ 他より抜きんでている。
ウ 程度が同じくらいである。
エ 勢いよく追いつこうとする。

ⓑ 享受する
ア 受け取って良さを味わうこと。
イ 受け入れて認めること。
ウ 受け止めて人に伝えること。
エ 受け継いで評価すること。

ⓒ 喚起する
ア 心を引き立てること。
イ 思い出させること。
ウ 誘い入れること。
エ 呼びおこすこと。

問三 （ Ａ ）～（ Ｄ ）に当てはまる語を、次のア～オの中からそれぞれ選び、記号で答えなさい。

ア そして　イ しかし　ウ つまり　エ あるいは　オ たとえば

問四 ――線①「長い期間をとれば種の絶滅は自然にたくさん起こっていることであり、それをあえて止めなければならないのはなぜなのか」とありますが、この問いの答えになる部分を本文から五十字以内で抜き出し、「～から。」につながるように、最初と最後の五字を答えなさい。

問五　―――線②「私は重要な論点だと思っています」とありますが、それはなぜですか。筆者が挙げている理由を二つ、主語を明らかにした上で本文の表現を使って、それぞれ二十五字以内で答えなさい。

問六　―――線③「代名詞」とありますが、この言葉の説明として最も適切なものを次のア～エの中から一つ選び、記号で答えなさい。

ア　事物や事柄を直接また具体的に表す語であることを示す。
イ　事物や事柄の名称の代用として用いる語であることを示す。
ウ　同類のもの全体の代表として使われる名称であることを示す。
エ　同類のものに共通する特徴を表す名称であることを示す。

問七　本文の内容に合致するものを、次のア～エの中から一つ選び、記号で答えなさい。

ア　種の絶滅を防ぐことは生物多様性を確保することであり、それは全体としての生態系の健全さを維持しようとする営みである。
イ　生態系はダイナミックに変化するものであり、種の絶滅は自然にたくさん起こっていることなので、人間に責任は生じない。
ウ　生物種の大量絶滅は人間活動に原因があるので、「人間中心主義」ではなく、「生態系中心主義」の立場で考えるべきである。
エ　ウナギが絶滅しても、将来の世代は時間をさかのぼって過去の世代に文句をいうことができないのだから、問題にしなくてもよい。

二 次の文章を読んで、後の問いに答えなさい。（作問の都合上、原文の一部を変更しています。）

主人公の少年には、小学校に入学したばかりの弟アツシがいる。アツシは幼稚園に入る前の健康診断で視力が悪いことが分かり、度の強いメガネをかけている。本文は、アツシが目の手術をするため、隣の市の大学病院に入院する前日に、二人で自転車に乗って出かけた場面である。

ずっと足手まといだった。少年が団地の友だちと遊ぶとき、アツシは「ぼくも、ぼくも」と仲間に入れてほしがった。でも、仲間に入ってもいつも「おみそ」扱いだった。歳《とし》が四つも下だし、すぐにけつまずいて転んでしまうし、ボールの転がる方向や距離がうまくつかめないので、サッカーやソフトボールの球拾いさえまともにできない。

そんなアツシを見るたびに、［X］した。友だちがメガネをからかったり、目の悪さのせいでいじめたりしたことはなかったが、気をつかわれているのがわかるから、嫌だった。アツシと一緒にいると、なんだか自分まで「弱いほう」になってしまうようで、まだ遊びたがっているアツシを無理やり帰らせて、泣かせてしまったこともある。

かわいそうなことをした。いまは思う。いまだから思う。もっとたくさん遊んでやればよかった。キャッチボールの相手をせがまれたとき、どうせアッくんには無理だよ、と断るのではなく、たとえボールを後ろにそらしてばかりでも付き合ってやればよかった。

手術が成功すれば、視力はだいぶ上がる。いまほど分厚いメガネをかけずにすむし、ものがゆがんで見えるのも治る。でも、もしも失敗してしまうと——父も母も、そのことはなにも話さない。だから、少年も訊《き》けない。

「アッくん」前を向いたまま、声をかけた。「なんで海に行きたいんだよ」

「なんとなく……」

「だって、おまえ、海なんかべつに好きじゃないだろ」

「でも……わかんないけど、なんとなく……」

「明日入院するから？」

少年の声は、かすかに㋐フルえた。アツシの返事がなかったので、ハンドルを強く握りしめた。Ⓐ胸がつっかえて、どきどきする。胸の中には、まだ訊きたいことが残っている。

目の手術をするから？　手術に失敗するかもしれないから？　もしも失敗したら目がどうなるのか、アッくん、知ってるの——？

道は上り坂になった。二人乗りで漕《こ》ぐのはもう無理だ。少年は胸をつっかえさせたまま、自転車から降りた。アツシも荷台から降りようとしたが、「いいよ、おまえは乗ってて」と振り向かずに言って、自転車を押していく。

「らくちーん。牧場に行ったときみたい」

アツシは笑った。去年の夏、家族で高原の観光牧場に出かけ、曳《ひ》き馬に乗った。両親に「勇気出してがんばれ」「怖くない怖くない」と励まされて一人で鞍《くら》にまたがったアツシは、白樺《しらかば》林の中を一周した。最初は鞍についた取っ手を両手でしっかり握りしめていたが、終わり頃には片手を離して、母のかまえるカメラに向かってVサインをつくった。「勇気出してがんばれ」「怖くない怖くない」と、両親は手術の前にも言うだろうか。手術に成功したら、アツシはまたVサインをつくるのだろうか……。

入院は二週間の予定だった。目の中にメスを入れるというのに、意外と短い。そんなに難しい手術ではないのかもしれない。でも、もしも、もしも、もしも……と考えると、「もしも」の向こう側にあるものがどんどん近づいてくる気がする。怖い。だったらなにも考えなければいいのに、勝手に考えてしまう。両親に文句を言いたい。もっと早く手術を受けさせていれば、少年も幼すぎて「もしも」のことは考えずにすんでいたのに。

商工会館の建物が見えた。あと少し。少年は息を詰め、歯を食いしばって、自転車を押していく。汗が目に滲《し》みる。(イ)フき取りたくても、ハンドルを片手で支えるのは無理だ。目がチカチカして痛い。汗と涙がにじんだ目に映る風景は、揺れながらゆがんでいた。

日曜日の商工会館は玄関に鍵が掛かっていた。少年はあきらめきれずに玄関のガラスドアを押したり引いたりしたが、アツシは［Y］した様子で「おにいちゃんと二人乗りしたから、面白かったから、もういいよ」と笑った。

「だめだよ、そんなの」

開いている出入り口がどこかにあるかもしれない。たまにはそういうことで「もしも」を使いたかった。

「勝手に入ったら怒られちゃうよ……」と逃げ腰のアツシの手を引いて建物の裏に回ると、非常階段があった。落ちないように柵《さく》のついた、らせん階段だった。

よし、と少年はうなずいた。方角も海のほうを向いている。いいぞ、と頬《ほお》がゆるんだ。①「もしも」が当たった。めったに当たらないから「もしも」なのだから、②もう一つの「もしも」は、これでもうはずれる――と、いい。

階段を上った。転んだときのためにアツシの後ろに回った少年は、「手すり、ちゃんと持ってるか」と何度も声をかけた。階段の段差はけっこうあって、まだ小さなアツシは、一段ずつ踏ん張らないと上れない。でも、それがかえってよかったのか、アツシは一度もけつまずくことなく、よいしょ、よいしょ、と上っていった。

国語　7

三階から四階に上る途中で、まわりの建物の高さを超えて、視界が開けた。
「アッくん、海、あっちだから」
少年が指差す方向に目をやったアツシは、途方に暮れた顔で「どこぉ……？」と訊いた。
「もっと先だよ、ずーっと先のほう」
見えるのだ。ビルや家の建ち並ぶ街を越えたずっと先に、空よりも微妙にまぶしい、コンタクトレンズのような形の入り江が小さく見える。間違いない。あれは海だ。
檻《おり》の鉄格子《てつごうし》をつかむ動物園のゴリラみたいに、アツシはしばらく黙って柵に顔を張りつかせた。
カウントダウンは十。少年はそう決めた。十数えても海を見つけられなかったら、もっと上まで行けばいい。このビルは六階建てだから、どこかで海を見つけられる。絶対にだいじょうぶ。自分に言い聞かせて、いーち、にーい、と数えはじめて……なな、で終わった。
「わかった！　見えた！」
アツシの㋒カンセイが、鉄の階段にキンと響いた。
二人はしばらく黙って、街と、空と、海を眺めた。ときどき顔を見合わせて、アツシはうれしそうに、少年は照れくさそうに、笑った。
アツシのほうが階段の上の段にいるので二人の顔の高さはほとんど同じで、正面から見るときにはアツシのメガネの㋓渦もそれほど目立たないんだな、と少年は気づいた。
「夏休みになったら、ほんとに海に行こう」
少年が言うと、アツシは「泳げる？」と訊いた。
「泳げるし、お母さんに水中メガネ買ってもらって、もぐって遊ぼう」
「お魚、見える？」
少年は息をすうっと吸い込んで、「アッくんの目が良くなったら、見えるよ」と言った。「だから見えるんだよ、絶対、百パーセント」
「……ほんと？」
「信じろよ、ばーか。文句言ってたら置いて帰るぞ」
Ⓑ胸につっかえていたものが、とれた。アツシもなんだかほっとしたように、えへへっ、と笑った。
「アッくん……」
「なに？」

「手術がすんだらお㋔ミマいに行くから、マンガ、たくさん持って行ってやる」

大事にしているコミックスを、ぜんぶ。「そのかわり汚さずに読めよ」と言うと、アツシは笑ってうなずいた。

「あと、いろんなテレビ、録画しとくから。退院してから観《み》ろよ。オレも一緒に観てやるし」

入院中にアツシの好きなアニメの特番があるといいのに。ガキっぽいアニメなんて最近はちっとも観ていない。でも、アツシも一緒なら、泣くほど面白いだろう。

「あと……あと……」

ほかになかったっけ、アッくんに見せたいもの、なにかなかったっけ。うまく思いつかずに「あと……あと……」と繰り返していると、雲の切れ間から夕陽《ゆうひ》が射した。

オレンジ色に輝いた海を、アツシは「うわあっ、きれいっ」とつぶやいて、じっと見つめた。

「……べつにたいしたことないよ、③もっときれいなの、いっぱいあるよ……オレ、知ってるから、今度アッくんに見せてやるから……」

少年は柵に軽くおでこをぶつけながら言った。

それきり二人はまた黙り込んで、海を眺めた。夕陽がまた雲に隠れてしまうまで、じっと見つめつづけた。

（重松清「おとうと」『小学五年生』所収　文春文庫刊より）

問一　═══線㋐～㋔の漢字は平仮名に、カタカナは漢字に直しなさい。

問二　[X]・[Y]に当てはまる語を次のア～オの中からそれぞれ選び、記号で答えなさい。

ア　どきどき　　イ　さばさば　　ウ　おどおど　　エ　いきいき　　オ　いらいら

問三　───線①「もしも」、───線②「もう一つの『もしも』」とありますが、それぞれの「もしも」の内容が分かるように、解答欄に合わせて書きなさい。

問四　〰〰線Ⓐ「胸がつっかえて、どきどきする」、〰〰線Ⓑ「胸につっかえていたものが、とれた」とありますが、これらから読み取れる少年の心情の変化の説明として最も適切なものを、次のア～オの中から一つ選び、記号で答えなさい。

ア　弟が失明したときのことを想像して怖くなったが、海を見て夏休みの計画に心をはずませている本人の様子があまりに楽天的であったため、拍子抜けしている。

イ　弟に手術が失敗するリスクを知らせるべきか悩んでいたが、海を見せてやれたことで、全てが上手くいく未来を想像し、気持ちが楽になっている。

ウ　弟に手術が失敗するかもしれないという不安を与えてしまったことを後ろめたく感じていたが、海を見せてやったことで許されたような気がしている。

エ　手術に失敗して失明するかもしれないという弟の不安が伝わって動揺したが、海を見せてやれたことで、明るい未来を信じようと前向きな気持ちになっている。

オ　失明してしまうかもしれない弟に、何としてでも海を見せなくてはならないというプレッシャーを感じていたが、目的が達成できてほっとしている。

問五　――線③「もっときれいなの、いっぱいあるよ……」とありますが、このときの少年の心情を四十字程度で説明しなさい。

問六　本文における少年の心情や行動の説明として最も適切なものを、次のア～オの中から一つ選び、記号で答えなさい。

ア　少年は弟を足手まといに思い邪険にしていたが、もしも弟が失明したらずっと後悔すると考え、海に連れて行こうと思い付いた。

イ　少年は心の動揺を悟られないようにふるまいつつ、自分を慕ってついてくる弟の望みを叶えてやりたいと懸命になっている。

ウ　少年は弟に早く手術を受けさせなかった両親を恨み、兄として弟を守ってやらなければならないという使命感を感じている。

エ　少年は両親の愛情が弟にばかり注がれるのを不満に思っていたが、失明するかもしれないと聞いて、優しくしようと思っている。

オ　少年は弟のために出来ることは何でもしてやりたいと思っているが、その気持ちが空回りして弟を振り回してしまっている。

三 次の文章を読んで、後の問いに答えなさい。

今はむかし、物ごと自慢くさきは《自慢ばかりしたがるのは》※未練のゆへなり。①物の上手の上からは《何事でも名人という者》、すこしも自慢はせぬ事なり。我より手上《てうえ》の者ども、広き天下にいかほどもあるなり《いくらでもいることを知っている》。諸芸ばかりに限らず、侍道《さぶらひ》にも※武辺《ぶへん》、※口上以下、さらに自慢はならぬものを《まったく自慢できる柄でもないのに》、今の世は、②貴賤《きせん》上下それぞれに自慢して、声高に荒言はきちらし、わがままをする者多し。その癖に、③をのれが疵《きず》をかくさんとて、よき《立派な》者を誹《そし》り笑ふ事あり。ある者、座敷をたてて《作って》絵を描かする。白鷺《しらさぎ》の一色《いつしき》《白鷺だけを描いた絵》を望む。絵描き、「心得たり《わかりました》」とて※焼筆《やきふで》をあつる《下絵を描いた》。亭主のⓐいはく、「いづれも良さそうなれども、此《こ》の白鷺の飛びあがりたる、羽づかひがⓑかやうでは、飛ばれまい《飛ぶことはできないだろう》」といふ。絵描きのいはく、「いやいや此の飛びやうが第一の出来物《もっともすぐれた点》ぢや」といふうちに、本の《本物の》白鷺が四五羽うちつれて《群がって》飛ぶ。亭主これを見て、「あれ見給へ。あのやうに描きたいものぢや」といへば、絵描きこれを見て、「いやいやあの羽づかひでは《羽の使い方では》あつてこそ、それがし《私》が描いたやうには、得《え》飛ぶまい《飛ぶことはできないだろう》」といふた。

（『浮世物語』より）

※未練……まだ十分に熟していないこと。未熟に同じ。
※武辺……武芸のこと。
※口上……公式の席での弁舌。武士としての口の利き方。
※焼筆……絵師が下絵を描くのに用いる筆。

問一 ═══線ⓐ・ⓑの読みを現代仮名遣いで答えなさい。

問二 ───線①「物の上手の上からは、すこしも自慢はせぬ事なり」とありますが、それはなぜですか。三十五字以内で答えなさい。

問三 ───線②「貴賤上下」とありますが、その意味として最も適切なものを、次のア～エの中から一つ選び、記号で答えなさい。

ア 武芸の上手下手　イ 弁舌の上手下手　ウ 身分の上下　エ 年齢の上下

問四 ───線③「をのれが疵をかくさんとて」とありますが、その訳として最も適切なものを、次のア～エの中から一つ選び、記号で答えなさい。

ア 自分の欠点を隠せるはずだと思って
イ 自分の欠点が隠れないだろうと思って
ウ 自分の欠点を隠さないようにしようと思って
エ 自分の欠点を隠してしまおうと思って

問五 最後の絵描きの発言の説明として最も適切なものを、次のア～エの中から一つ選び、記号で答えなさい。

ア 自分の描いた白鷺のほうが現実の白鷺よりも飛ぶ姿が美しいと、負け惜しみを言っている。
イ 自分の描いた白鷺が現実の白鷺の美しさに遠く及ばないという敗北感にうちのめされている。
ウ 現実の白鷺が自然の法則に反した飛び方をすることに対して驚きあきれている。
エ 自分よりも亭主の方が上手に白鷺の絵を描くことができることを悔しく思っている。

令 和 5 年 度

宮崎第一高等学校入学者選抜学力検査問題

（1月25日　第2時限　9時55分～10時40分）

社　　会

（普通科・国際マルチメディア科・電気科）

（注　　　意）

1．「始め」の合図があるまで，このページ以外のところを見てはいけません。

2．問題用紙は，表紙を除いて15ページで，問題は10題です。

3．「始め」の合図があったら，まず解答用紙に出身中学校名，受験番号と氏名を記入し，次に問題用紙のページ数を調べて，抜けているページがあれば申し出てください。

4．答えは，必ず解答用紙に記入してください。

5．印刷がはっきりしなくて読めないときは，静かに手をあげてください。問題内容や答案作成上の質問は認めません。

6．「やめ」の合図があったら，すぐ筆記用具をおき，問題用紙と解答用紙を別にし，裏返しにして，机の上においてください。

問題用紙は持ち帰ってかまいません。

社 会 1

1　次の日本の中部地方の地図を見て，下の各問いに答えなさい。

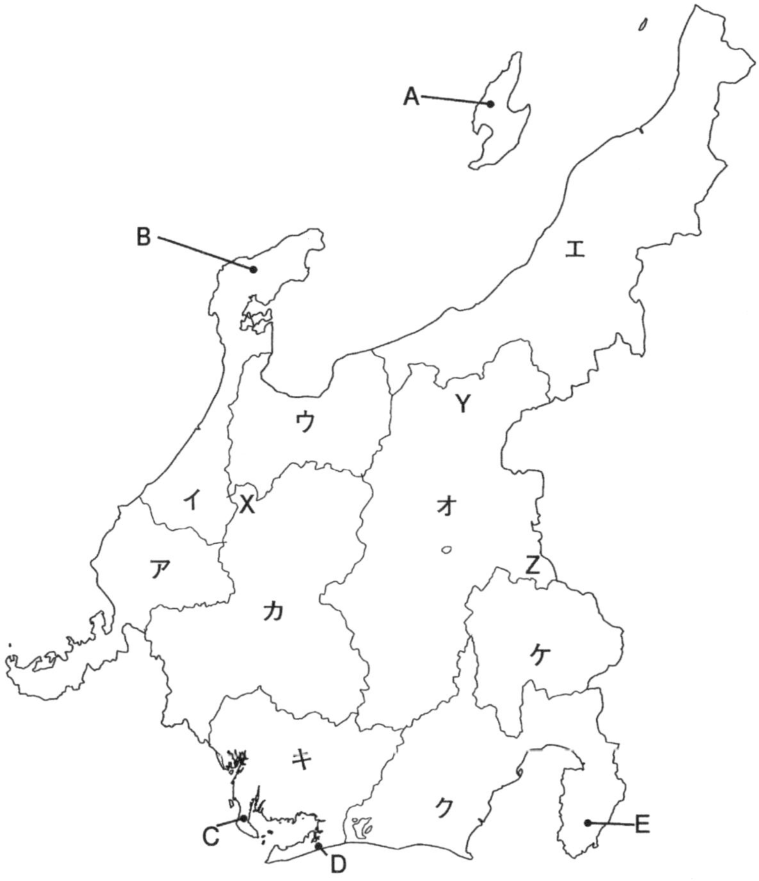

⑴　地図中Aの島の名称を答えなさい。

⑵　地図中B～Eの名称を次のa～dからそれぞれ一つ選び，符号で答えなさい。

a　渥美半島　　b　知多半島　　c　能登半島　　d　伊豆半島

⑶　次のa～eの文章の内容に当てはまる県を，地図中の**ア～ケ**からそれぞれ一つ選び，符号で答えなさい。また，選んだ符号の県名も答えなさい。

a　県庁所在地である金沢は城下町として兼六園などの名所があり，2015年には北陸新幹線が開通した。
b　自動車製造業では日本一であり，県庁所在地は中部地方の中心都市となっている。
c　ブドウの生産が日本一であり，富士山がある。
d　若狭湾ではリアス海岸が発達しており，景勝地の東尋坊や，勝山市の恐竜博物館が有名である。
e　米の生産量が日本一であり，昔は越後国といわれた。

⑷　合掌造りで有名で，世界遺産でもある白川郷の場所を，地図中X，Y，Zから一つ選び，符号で答えなさい。

2 次の日本地図を見て，下の各問いに答えなさい。

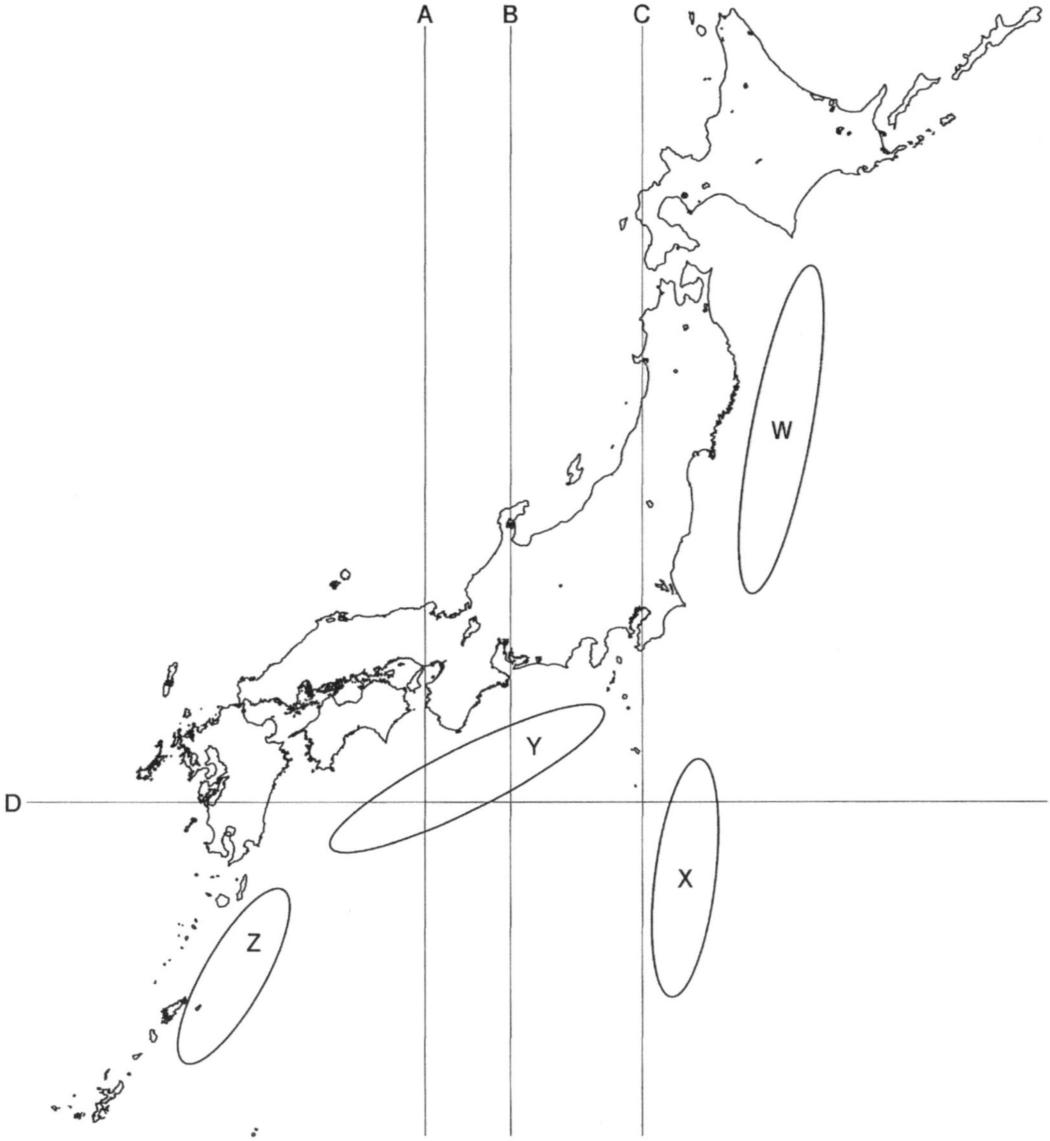

⑴ 日本の標準時子午線を地図中A，B，Cから一つ選び，符号で答えなさい。

⑵ 宮崎県を通るDの緯線の緯度を次のa～dから一つ選び，符号で答えなさい。

a 北緯27度　b 北緯32度　c 北緯37度　d 北緯42度

⑶ 30年以内に70％の確率で起こると想定されている東南海大地震の震源となるところを地図中W，X，Y，Zから一つ選び，符号で答えなさい。

社 会 3

3 次の南アメリカの地図を見て，下の各問いに答えなさい。

(1) 次のa～eの文の内容に当てはまる国を，地図中ア～クからそれぞれ選び，符号で答えなさい。また，国名も答えなさい。

a パンパといわれる草原では小麦の栽培や牧畜がおこなわれている。

b 内陸国で，首都ラパスは世界で最も標高の高い首都である。

c バナナの生産で有名で，国名はスペイン語の「赤道」である。

d 南アメリカでは最も人口が多く，鉄鉱石やコーヒー豆の産出が多い。

e 銅鉱石の産出では世界一の国である。

⑵　地図中Xに位置する，太平洋と大西洋を結ぶ運河の名称を答えなさい。

⑶　地図中Yの地域で栄えた先住民インディオの文明の名称を答えなさい。

⑷　南アメリカで最も多くの人々が信仰している宗教を，次のa～dから一つ選び，符号で答えなさい。

a　イスラーム教
b　ヒンドゥー教
c　キリスト教カトリック派
d　キリスト教プロテスタント派

4　次の日本を訪れる外国人観光客の推移の図を見て答えなさい。

訪日外国人客数の推移

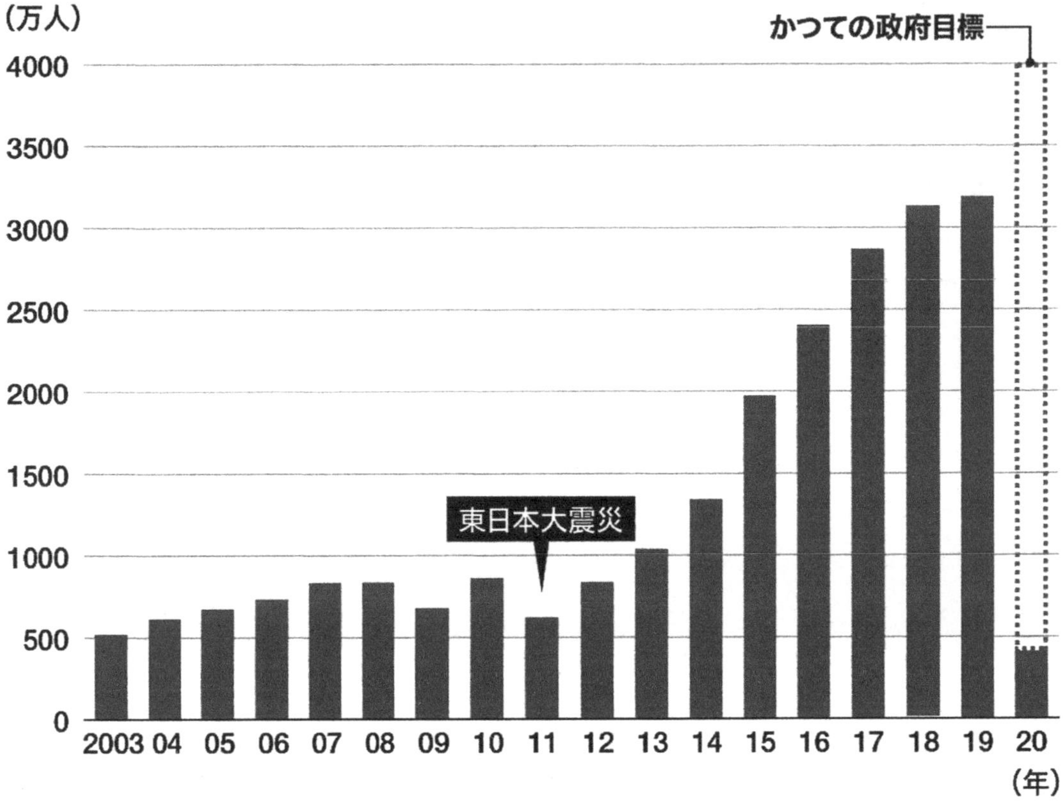

出所：日本政府観光局公表のデータを基に作成

(1)　東日本大震災以降、日本を訪れる外国人観光客が増え続けている。その要因として考えられることを答えなさい。

(2)　現在、急激なドル高円安が進んでいる。もしコロナ禍が収束した場合、日本を訪れる外国人観光客の動向に与える影響を考えて答えなさい。

5　次の資料A～Dを見て，下の各問いに答えなさい。

A

B

C

D

(1)　**資料A**の時代には，遣隋使が送られた。小野妹子が隋の皇帝に渡した手紙の内容として正しいものは，次の**ア**と**イ**のうちのどちらか。また，手紙を読んだ隋の皇帝が激怒した理由は次の**ウ**と**エ**のうちのどちらか。正しい組み合わせを次の**a**～**d**から一つ選び，符号で答えなさい。

ア　「日没するところの天子，書を日出づるところの天子にいたす，つつがなきや」
イ　「日出づるところの天子，書を日没するところの天子にいたす，つつがなきや」
ウ　日本（倭）が隋と対等な立場で外交を行おうとしてきたから。
エ　日本（倭）が隋に対して贈った貢物が少なかったから。

a　**ア**－**ウ**　　**b**　**ア**－**エ**　　**c**　**イ**－**ウ**　　**d**　**イ**－**エ**

(2)　**資料B**の大仏は，座高約16m，台座の高さ約３m，頭の長さ約５m，手のひらの長さが約３mという唐にもないほどの大きな金銅の座像である。このような巨大な仏像を造った背景は何か。最も適切なものを次の**a**～**d**から一つ選び，符号で答えなさい。

a　海外からの異民族の侵略があったため，それを仏教の力で撃退しようとしたから。
b　時の天皇に跡継ぎがいなかったので，跡継ぎができるように仏教の力で祈ろうとしたから。
c　以前からあった大仏が武士によって焼き討ちされたため，さらに巨大な大仏を再建しようとしたから。
d　病気の流行や飢きん，さらに政府への反乱など社会不安が高まり，仏教の力で国を守ろうとしたから。

(3)　**資料C**の時代に，ある権力者がよんだ歌は下の「望月の歌」である。この歌をよんだ人物名を答えなさい。

「この世をば，わが世とぞ思ふ　望月の　かけたることも　なしと思へば」

(4)　(3)の人物は，なぜ権力を手に入れることができたのか。下の系図から分かることとして最も適切なものを次の**a**～**d**から一つ選び，符号で答えなさい。

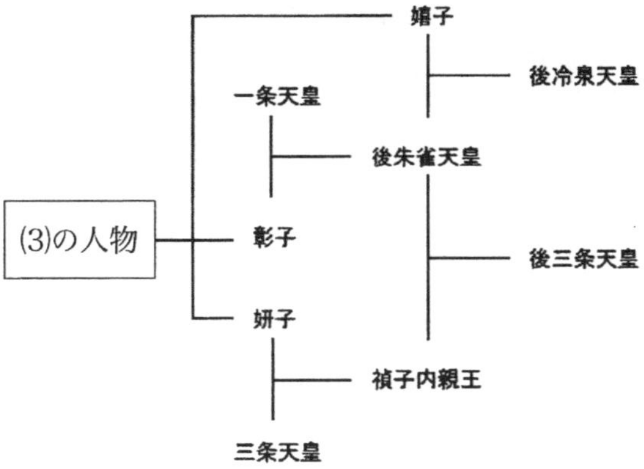

a　有力な豪族や貴族たちを政権から追い落として，権力を手に入れていったから。
b　地方の豪族や有力者から土地をもらったり，貢ぎ物を受けたりして財力を誇ったから。
c　自分の娘と天皇の間に婚姻関係を結び，その皇子を次の天皇にして外祖父として力を握ったから。
d　天皇の娘を后として，生まれてきた皇子を摂政や関白として権力を握ったから。

(5)　**資料D**の人物は平清盛であるが，清盛は，1167年に武士として初めて何という地位になったか，語群から一つ選び，答えなさい。

【語群】

太政大臣	征夷大将軍	関白	摂政

6　次の資料A～Dを読んで，あとの各問いに答えなさい。

A

みんな，心をひとつにして聞きなさい。これが最後の言葉です。亡き頼朝公が敵を討ちほろぼして幕府を開いてから，官位といい，俸禄といい，その恩は山よりも高く，海よりも深いものでした。この恩に報いる気持ちが浅いはずはありません。しかし，今，逆臣というそしりを受け，義時追討の命令が下されました。人として，名誉を重んじるならば，朝廷に味方した者たちを討ちとり，幕府を守らなければなりません。しかし，上皇側に味方したい者があれば，止めはしません。今すぐ申し出なさい。

B

一，けんかをした場合はいかなる理由によるものでも両者ともに処罰すること
　ただし，しかけられても怒りをこらえた者については，罰してはならない。
　(「甲州法度之次第」)

一，駿河・遠江の家臣は，今後いっさい，他国から嫁や婿をもらったり，娘を嫁に出したりしてはならない。(「今川仮名目録」)

C

一，飼い主のいない犬に，このごろは食べ物をあたえないと聞く，つまり，食べ物をあたえるとあとがめんどうだと思ってかわいがらないようだが，ふとどきである。今後はそのようなことのないように注意せよ。

一，犬だけでなく，すべての生き物には，いたわりの心をもってかわいがることが大切である。

D

天から下された村々の水呑百姓までへ。

このごろは米価がますます高くなり，大阪の奉行や役人たちは思いやりの心を忘れて，勝手な政治をしている。…かれらは，大ききんという天罰が下っても，餓死者や貧民，乞食たちを救おうとしない。そこで，このたび有志の者たちと話し合い，人民を苦しめる役人たちと思い上がった大阪の商人たちを討つことにした。…大阪に騒動がおこったと伝え聞いたなら，たとえ，どんなに遠くても，一刻も早く大阪にかけつけよ。

(1)　**資料A**はある反乱の際に，北条政子が御家人たちに向けて演説をした有名な資料です。その反乱名と，関係の深い人物の組み合わせとして正しいものを，次のa～dから一つ選び，符号で答えなさい。

a　壬申の乱　・　後白河上皇　　b　壬申の乱　・　後鳥羽上皇
c　承久の乱　・　後白河上皇　　d　承久の乱　・　後鳥羽上皇

⑵ **資料B**について，一条目は武田信玄が定めたもの（**X**）で，二条目は今川義元が定めたもの（**Y**）であるが，それぞれの条文を出した戦国大名の目的は何か，組み合わせとして正しいものを次の**a**～**d**から一つ選び，符号で答えなさい。

a　X　私闘の裁定者として強権を示すため
　　Y　情報がもれることや敵国に寝返ることを防ぐため
b　X　私闘の裁定者として強権を示すため
　　Y　今川氏と婚姻関係を結び権力を握ることを防ぐため
c　X　自力で紛争を解決する家臣を作るため
　　Y　情報がもれることや敵国に寝返ることを防ぐため
d　X　自力で紛争を解決する家臣を作るため
　　Y　今川氏と婚姻関係を結び権力を握ることを防ぐため

⑶ **資料C**の時代には，武家諸法度が下のように改定された。それは「武断政治から文治政治へ」改定されたと表現される。改定した目的として最も適当なものを次の**a**～**d**から一つ選び，符号で答えなさい。

元和令（1615年）	→	天和令（1683年）
第一条 文武弓馬の道をもっぱらたしなむこと	→	第一条 文武忠孝を励し，礼儀を正すべきこと

a　流鏑馬，犬追物，笠懸などの軍事訓練を多く実施することで強い武士を育てるため。
b　これからは商売などの経済活動で利益を上げることが大切だと武士の経済活動を活発にするため。
c　武士に儒教的考えにもとづき，身分格式，儀礼の知識，役人としての事務能力を育てるため。
d　家臣には主人への奉公を義務づけ，主人の死後も新しい主人には仕えないようにするため。

⑷ **資料D**の頃の幕府の改革として一番時期が近い改革とその担当者の組み合わせとして正しいものを，次の**a**～**d**から一つ選び，符号で答えなさい。

a　享保の改革　—　松平定信　　b　天保の改革　—　水野忠邦
c　寛政の改革　—　水野忠邦　　d　天保の改革　—　松平定信

7　次の風刺画A～Dを見て，あとの各問いに答えなさい。

A

B

C

D

(1)　**資料A**は1875年に制定されたある法令を風刺した絵画である。どのような状況を風刺したものか。下の表を参考に，正しいものをa～dから一つ選び，符号で答えなさい。

表

1881年の弾圧状況	
新聞の発行停止・禁止	46件
新聞記者の罰金・禁獄	197件
演説会の解散	131件

a　集会の演説で藩閥政府に反対する内容の講演や議論をした者たちを取り締まっている。
b　川上音二郎の「オッペケペー節」のように歌で政府を批判した者たちを取り締まっている。
c　新聞で藩閥政府に反対する内容の論説や民権論を唱える新聞記者たちを取り締まっている。
d　秩父事件で高利貸しや役所を襲った農民たちを取り締まっている。

⑵ **資料B**は，日本国民が条約改正の必要性を痛感させられた事件を描いた風刺画である。この事件は下の条約改正に係る年表の**a**～**e**のどこの時期に起きた事件であるか。正しいものを**a**～**e**から一つ選び，符号で答えなさい。

年 代	担当者	改正案の内容	時期
1872	岩倉 具視	欧米諸国に対し，日本の条約改正の方針を説明。	a
1882 1887	井上 馨	領事裁判権の撤廃をふくむ条約改正案を外国に示す。極端な欧化政策を実施。	b
1888	大隈 重信	井上馨の改正案を各国に示す。	c
1894	陸奥 宗光	イギリスと，領事裁判権の撤廃をふくむ通商条約に調印する。	d
1911	（ ア ）	アメリカと，関税自主権をふくむ通商航海条約に調印する。（条約改正の達成）	e

⑶ ⑵の年表上の条約改正の表中の（ ア ）に入る人物の名称を答えなさい。

⑷ **資料C**は，1894年に起きた日清戦争の直前の状況を描いた風刺画である。風刺画からどこの土地をめぐって争った戦争だと分かるか。その土地名を**語群から一つ選び**，答えなさい。

【語群】

沖縄　樺太　朝鮮　台湾

⑸ **資料D**は，日露戦争に関係する４か国が擬人化されて，それぞれの国の立場が風刺画として表現されている。それぞれの人物にせりふをつけるとするならば，下のせりふは，どこの国のせりふとして一番ふさわしいか。国名を**語群から一つ選び**，答えなさい。

「 東アジアをロシアに取られたくない。日本と同盟を結んで，ロシアに対抗してもらおう。 」

【語群】

フランス　ドイツ　清　イギリス　スペイン

8 きょうすけさんたちは，夏休みに日本の中世について調べることにしました。下の各問いに答えなさい。

(1) きょうすけさんたちは，中世に起こったできごとをふせんに書いて，時代の古いほうからａ～ｈの順に並べてみました。次の順番で間違っている部分があれば，正しい順に全て並べ替えなさい。間違っている部分がなければ，「なし」と記入しなさい。

古い → 新しい

a	b	c	d	e	f	g	h
御成敗式目制定	文永の役	建武の新政	勘合貿易開始	鎌倉幕府滅亡	南北朝の対立	正長の土一揆	応仁の乱

(2) きょうすけさんたちのグループは，中世に活躍した人物を調べてみました。(1)のａ，ｃ，ｈに最も関連の深い人物を次のＡ～Ｄからそれぞれ一つずつ選び，符号で答えなさい。

A	B	C	D
後醍醐天皇	足利義満	足利義政	北条泰時

(3) きょうすけさんたちは調査した結果をもとに，鎌倉時代，室町時代の特色を次のようにまとめました。

(1)のｂ，ｇに最も関連の深い特色を次のＡ～Ｆからそれぞれ一つずつ選び，符号で答えなさい。

【鎌倉時代】
- A 将軍と御家人との主従関係が社会の基盤となった時代
- B 武家(幕府)から公家(朝廷)へ政権が移行する時代
- C 農村が発達した時代

【室町時代】
- D 地方分権の時代
- E 民衆の台頭した時代
- F 安定した時代

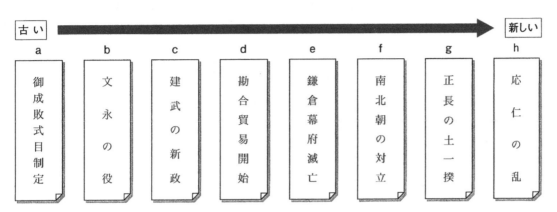

9　やまとさんの学級では，社会科の授業で学んだことをもとに，「くらしのなかの日本国憲法」というテーマについて，夏休みにグループごとに調査活動を行いました。次の各問いに答えなさい。

(1)　まことさんたちのグループは，新聞やネットを検索しながら，次の事件を見つけました。この事件は，下のａ～ｆのどの権利と関連していますか。ａ～ｆから選び，その符号を書きなさい。なお，答えは一つとは限りません。また，関連する符号がない場合は，「なし」と書きなさい。

市立高校を受験し，合格に十分な成績を収めたにもかかわらず，障がいを理由に不合格となった少年が，不合格処分の取り消しと損賠賠償を求めて裁判所に訴訟を起こした。少年は，筋ジストロフィーという難病のため，車いすを利用している。

ａ　個人の尊重と法の下の平等　　ｂ　言論や集会の自由
ｃ　居住・移転と職業を選ぶ自由　　ｄ　団結する権利
ｅ　政治に参加する権利　　ｆ　教育を受ける権利

(2)　みさきさんたちのグループは，次のａ～ｆの自由について，下の図のように分類してみました。分類の仕方として間違っているものを選び，その符号を書きなさい。なお，答えは一つとは限りません。

［
ａ　結婚相手を自分で選ぶ自由
ｂ　読みたい本を読む自由
ｃ　信じたい宗教を信仰する自由
ｄ　働いて収入を得る自由
ｅ　手続きなしに逮捕されない自由
ｆ　自分の考えを表現する自由
］

精神の自由	ａ　ｃ
身体の自由	ｂ　ｅ
経済活動の自由	ｄ　ｆ

(3)　かおるさんたちのグループは，宮崎県が右の冊子を作成し人権問題の啓発に向けて積極的に取り組んでいることを知りました。あなたの身のまわりにある人権問題を一つ取り上げて，次の三つの「問い」について，具体的に書きなさい。

◇　どんな問題か？
◇　なぜ問題が起こるのか？
◇　解決に向けてどうすればいいか？

(4)　たかとさんたちのグループは，人権が損なわれたり，奪われたりした場合，裁判を受ける権利があることが，憲法で定められていることを知り，日本の裁判制度について調べてみることにしました。たかとさんたちが調べた次のａ～ｆの内容のうち，正しいものをａ～ｆから選び，その符号を書きなさい。なお，答えは一つとは限りません。また，正しい符号がない場合は，「なし」と書きなさい。

ａ　令和４年４月１日から，裁判員の対象年齢は18歳に引き下げられました。
ｂ　刑事裁判において，裁判官は原告と被告の意見をよく聞き，当事者同士で話し合って合意するようにうながしたり，法に基づいた判決を出したりして，争いを終わらせます。
ｃ　裁判を慎重に行って間違った判決を防ぎ，人権を守るための仕組みを三審制といいます。
ｄ　日本の裁判所は，最高裁判所と高等裁判所に分かれます。
ｅ　だれもが司法に関するサービスを受けられるように，検察審査会が設けられました。
ｆ　えん罪を防ぐために，取り調べの可視化が義務付けられています。

10　さとこさんは，昨年開催された，参議院議員選挙についてから，政治に興味を持つようになりました。さとこさんが調べたことを参考に，次の各問いに答えなさい。

資料ａ

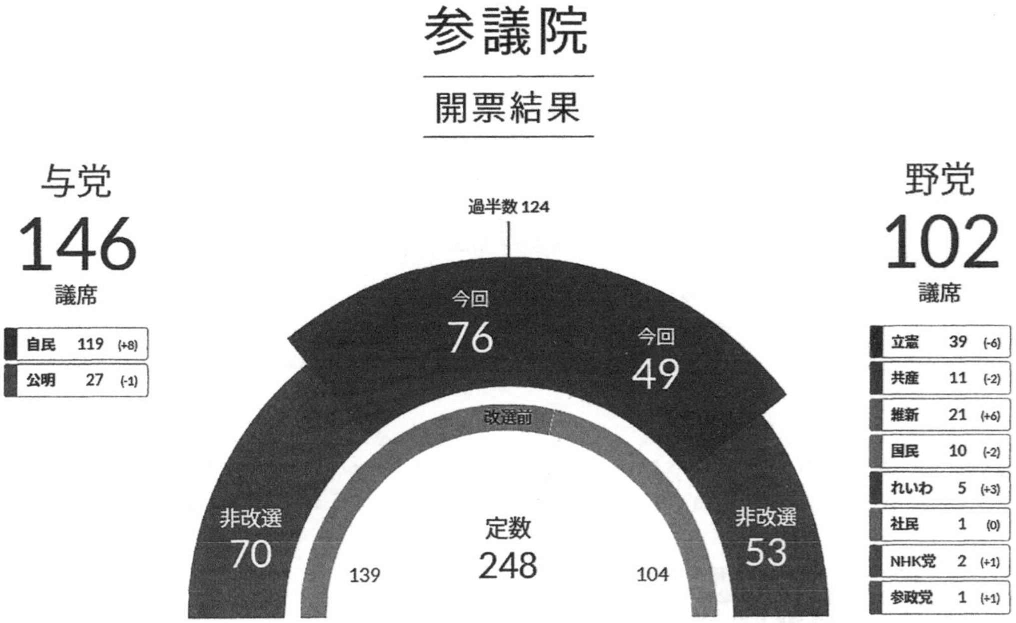

資料ｂ

政党支持率〈令和4年5月度調査〉　選挙ドットコム

党名	電話調査	前月比	ネット調査	前月比	党名	電話調査	前月比	ネット調査	前月比
自民	32.0%	↓ -3.1	13.9%	↑ +1.1	立憲	11.7%	↓ -0.2	2.2%	↑ +0.5
公明	4.6%	↑ +1.2	2.9%	↑ +0.4	国民	1.4%	↑ +0.1	1.0%	↑ +0.5
共産	5.0%	↓ -0.5	0.6%	↓ -0.7	れいわ	1.1%	↓ -0.3	2.0%	→ 0.0
社民	0.4%	↓ -0.2	0.1%	→ 0.0	NHK	0.0%	→ 0.0	1.2%	↓ -1.3
維新	7.1%	↑ +0.6	5.4%	↓ -0.5	支持なし	36.8%	↑ +2.5	70.7%	→ 0.0

※電話調査、ネット調査は5月14日(土)・15日(日)に実施
※日本国内の18歳以上の方を対象に実施。数字は小数第2位以下を四捨五入。有効回答数は電話調査(JX通信社との共同実施)で985件、インターネット調査(Gunosyリサーチを使用)で1,000件を取得　※支持なしとは、支持政党がないという回答です。

資料ｃ

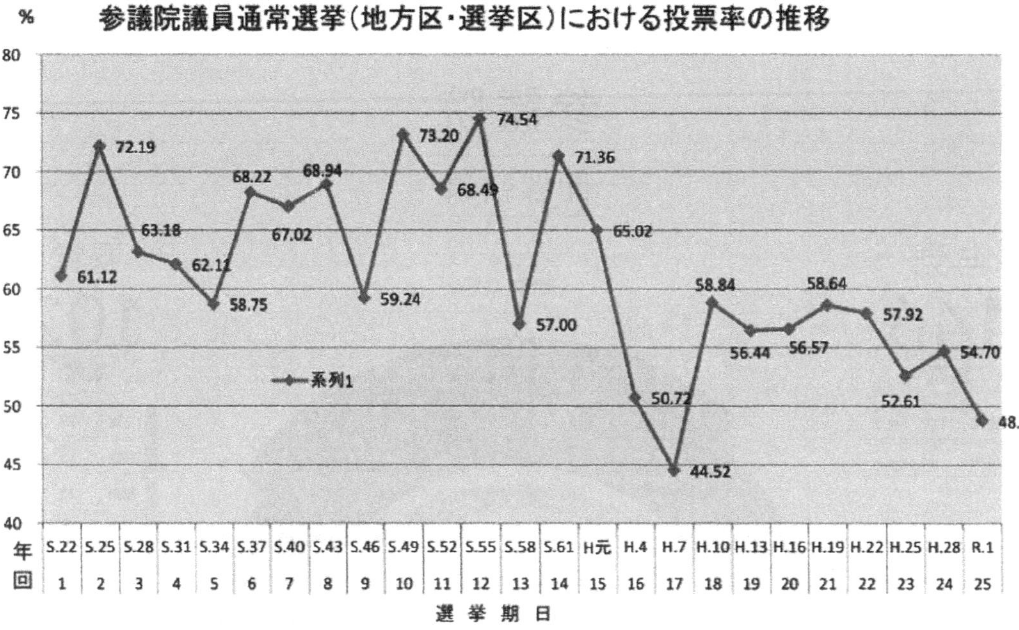

注1　昭和49年は投票時間が1時間延長され、午後7時までであった。
注2　昭和55年及び昭和61年は衆参同日選挙であった。
注3　昭和58年より拘束名簿式比例代表制が導入された。
注4　平成10年より投票時間が2時間延長になり、午後8時までとなった。
注5　平成13年に比例代表制が非拘束名簿式に変更された。
注6　平成16年より、期日前投票制度が導入された。

⑴　次のＡ～Ｆは**資料ａ～ｃ**のどの資料から正しく読み取れますか。読み取れる資料としてふさわしいものを**資料ａ～ｃ**から選び，その符号を書きなさい。なお，答えは一つとは限りません。
　また，関連するものや，正しく読み取れるものが**資料ａ～ｃ**のうちにない場合は，「なし」と書きなさい。

Ａ　参議院議員の通常選挙における投票率は，第１回から第25回にかけて減少傾向にある。
Ｂ　電話調査によると，野党支持率が与党支持率を上回っている。
Ｃ　参議院議員選挙の結果，与党が改選前よりも，票を増やしている。
Ｄ　与党が過半数を占めていることから，参議院本会議で議決をとる必要はない。
Ｅ　投票率が最も高い回と最も低い回との格差は，約30％にも及んでいる。
Ｆ　近年投票率が低く，無党派層が多いことから，国民の政治への関心が薄い。

⑵　**資料ａ～ｃ**から読み取れる日本の政治の問題をひとつ示し，その解決方法を50字程度で提案してください。

⑶　国民が内閣総理大臣を選出するしくみと，県民が宮崎県知事を選出するしくみの違いを30字程度で説明してください。

令 和 5 年 度

宮崎第一高等学校入学者選抜学力検査問題

（１月25日　第３時限　10時50分～11時35分）

数　　　学

（普通科・国際マルチメディア科・電気科）

（注　　　意）

1．「始め」の合図があるまで，このページ以外のところを見てはいけません。
2．問題用紙は，表紙を除いて５ページで，問題は５題です。
3．「始め」の合図があったら，まず解答用紙に出身中学校名，受験番号と氏名を記入し，次に問題用紙のページ数を調べて，抜けているページがあれば申し出てください。
4．答えは，必ず解答用紙に記入してください。
5．印刷がはっきりしなくて読めないときは，静かに手をあげてください。問題内容や答案作成上の質問は認めません。
6．「やめ」の合図があったら，すぐに筆記用具をおき，問題用紙と解答用紙を別にし，裏返しにして，机の上においてください。

問題用紙は持ち帰ってかまいません。

数　学　1

1　次の各問いに答えなさい。

(1)　$\frac{4}{3}\times\frac{1}{6}-\frac{1}{6}\div\frac{4}{3}$ を計算しなさい。

(2)　$\sqrt{10}$ と $2\sqrt{3}$ はどちらが大きいか値を答えなさい。

(3)　$(x+3)(2x+3)+(2x-3)(x+3)$ を計算しなさい。

(4)　$2x^2-8x+8$ を因数分解しなさい。

(5)　2次方程式 $(\sqrt{3}x+5)(\sqrt{3}x-5)=(\sqrt{2}x+4)(\sqrt{2}x-4)$ を解きなさい。

2 次の各問いに答えなさい。

(1) 右の表は，あるクラス 40 人の通学時間を調査した結果の度数分布表である。このデータの中央値を含む階級と最頻値をそれぞれ求めなさい。

階級(分)	度数
0以上　20未満	5
20　～ 40	14
40　～ 60	13
60　～ 80	7
80　～ 100	1
計	40

(2) 右の図において，$\angle x$，$\angle y$ の大きさを求めなさい。
ただし，点 O は円の中心である。

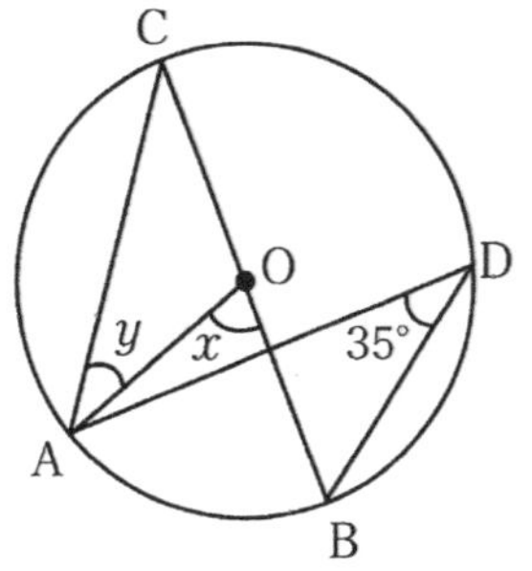

(3) ある数 x を 3 倍して 1 を加えた数は，その数 x を 2 乗した数に等しい。
もとの数 x を求めなさい。

(4) 十の位の数が a，一の位の数が b である 2 けたの自然数は $10a+b$ と表せる。
各位の数の和は 12 で，十の位と一の位の数を入れ替えると，もとの数より 18 大きくなる。
もとの 2 けたの自然数を求めなさい。

数　学　3

3　関数 $y=ax^2$ のグラフ上に２点 A，B があり，点Ａの座標は（－2，2)，点Ｂの x 座標は４である。直線 AB と y 軸との交点をＣとするとき，次の問いに答えなさい。

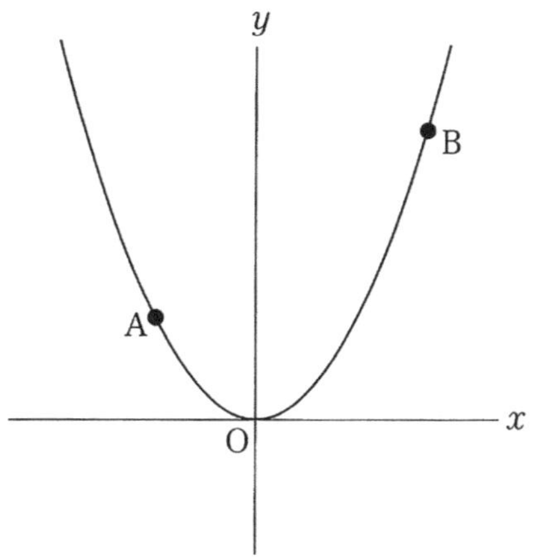

(1)　a の値を求めなさい。

(2)　直線 AB の式を求めなさい。

(3)　△AOB の面積を求めなさい。

(4)　$y=ax^2$ のグラフ上（$0<x<4$）の範囲に，△AOB と △APB の面積が等しくなるように点Ｐをとる。点Ｐの座標を求めなさい。

(5)　点Ｃを通り，△BOC の面積を二等分する直線の式を求めなさい。

4 右の図のように，同じ長さのマッチ棒を並べて正方形を作る。このとき，次の問いに答えなさい。

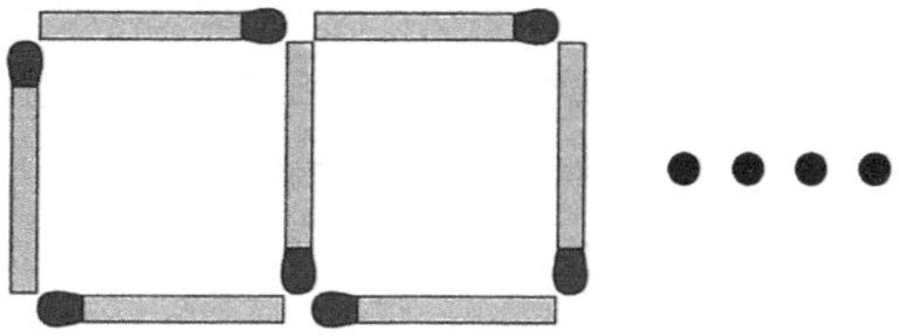

(1) 正方形を 3 個作るとき，必要なマッチ棒の本数を求めなさい。

(2) 正方形を 7 個作るとき，必要なマッチ棒の本数を求めなさい。

(3) 正方形を x 個作るとき，必要なマッチ棒の本数を x の式で表しなさい。

(4) マッチ棒の本数が 61 本のとき，正方形の個数がいくつできるか求めなさい。

(5) 正方形を作ったマッチ棒を並べなおして，下の図のように三角形を作る。このとき，正方形の個数が偶数であれば，どんな場合でもマッチ棒は余ることなく，ちょうど三角形を作ることができる。正方形の個数が 20 個の場合，三角形は何個できるか答えなさい。

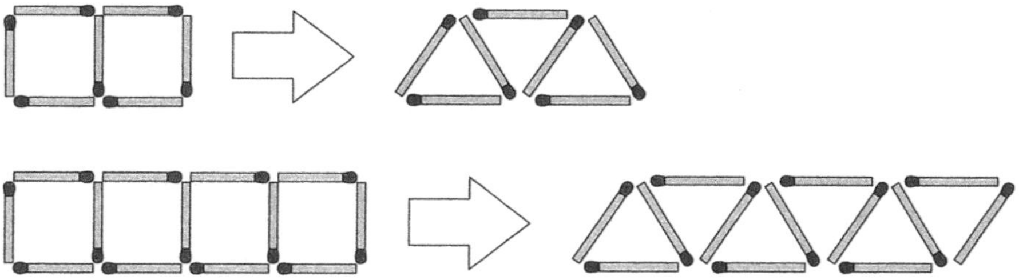

数　学　5

5　AB＝10㎝，BC＝6㎝，CA＝8㎝である直角三角形 ABC がある。直角三角形 ABC を図1のように，辺 BC に沿って下に3㎝ 平行移動してできる図形を A' B' C' とし，辺 AC と辺 A' B' の交点を D とする。このとき，次の問いに答えなさい。

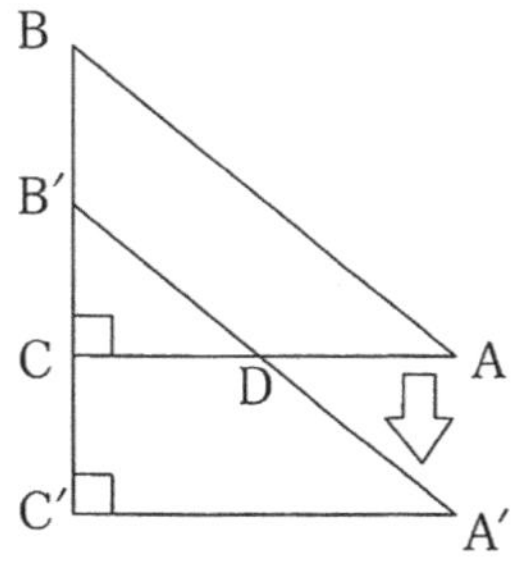

図1

(1)　△ABC と △DB'C が相似であることを証明した。
 ア ， イ に当てはまる語句を下の【語群】から選びなさい。

> （証明）　△ABC と △DB'C において，
> AB ∥ DB' より ア が等しいので，
> ∠ABC＝∠DB'C　……①，∠BAC＝∠B'DC　……②　が成り立つ。
> ①，②より イ から，△ABC ∽ △DB'C
> （証明終了）

【語群】⓪　対頂角　　①　同位角　　②　錯角　　③　3組の辺の比がそれぞれ等しい
④　2組の辺の比とその間の角が等しい　　⑤　2組の角がそれぞれ等しい

(2)　△ABC と △DB'C が相似であることを利用して，線分 CD の長さを求めなさい。

(3)　直線 BC を回転の軸として，△ABC を1回転してできる回転体（図2）の体積を求めなさい。

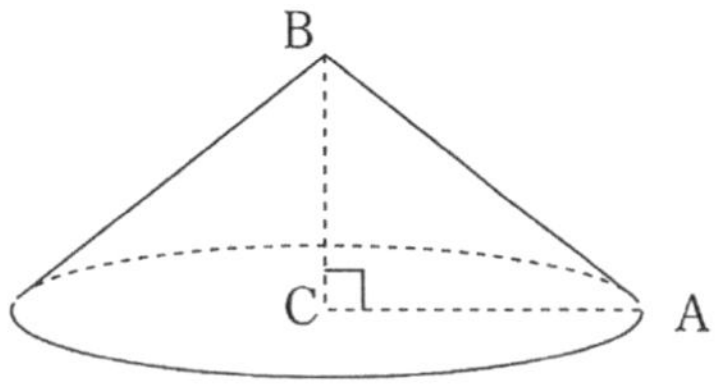

図2

(4)　直線 BC を軸として，図1を1回転してできる回転体（図3）の体積を求めなさい。

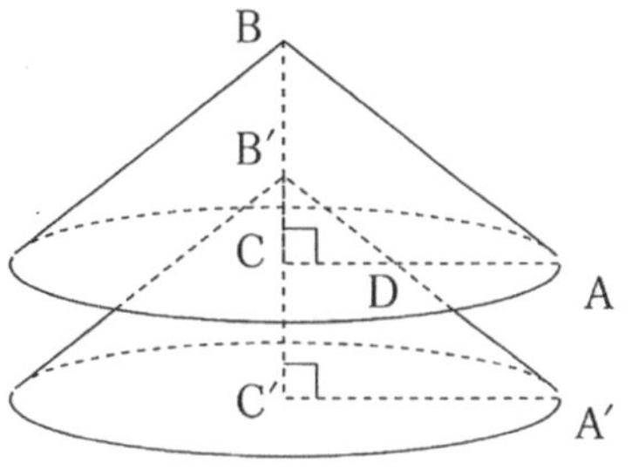

図3

令 和 5 年 度

宮崎第一高等学校入学者選抜学力検査問題

（1月25日　第4時限　12時15分～13時00分）

理　　　科

（普通科・国際マルチメディア科・電気科）

（注　　　意）

1．「始め」の合図があるまで，このページ以外のところを見てはいけません。

2．問題用紙は，表紙を除いて11ページで，問題は4題です。

3．「始め」の合図があったら，まず解答用紙に出身中学校名，受験番号と氏名を記入し，次に問題用紙のページ数を調べて，抜けているページがあれば申し出てください。

4．答えは，必ず解答用紙に記入してください。

5．印刷がはっきりしなくて読めないときは，静かに手をあげてください。問題内容や答案作成上の質問は認めません。

6．「やめ」の合図があったら，すぐ筆記用具をおき，問題用紙と解答用紙を別にし，裏返しにして，机の上においてください。

問題用紙は持ち帰ってもかまいません。

理　科　1

1　次の【Ⅰ】・【Ⅱ】の問いに答えなさい。

【Ⅰ】 みるくさんとくるみさんは，５月の野外観察の体験授業で宮崎市郊外の水田に出かけた。そこで，みるくさんは水中にいた図１の動物を見つけた。

みるく：この動物はカナヘビみたいな形をしているけど，カナヘビって水の中にいるんだったっけ？

くるみ：これはヤモリだと思うわ。この前，お母さんがうちの塀《へい》にヤモリがいるって言っていたものによく似ているから。

図１

みるく：カナヘビかヤモリかどちらなのか，先生に聞いてみようか。

くるみ：先生に聞く前に，自分たちで調べてみようよ。

くるみさんはデジカメでその動物の写真を撮り，学校に帰ってから図書室の図鑑で調べた。

くるみ：みるくさん，これはカナヘビではなくてイモリではないかしら。カナヘビは陸上で生活すると書いてあるから。

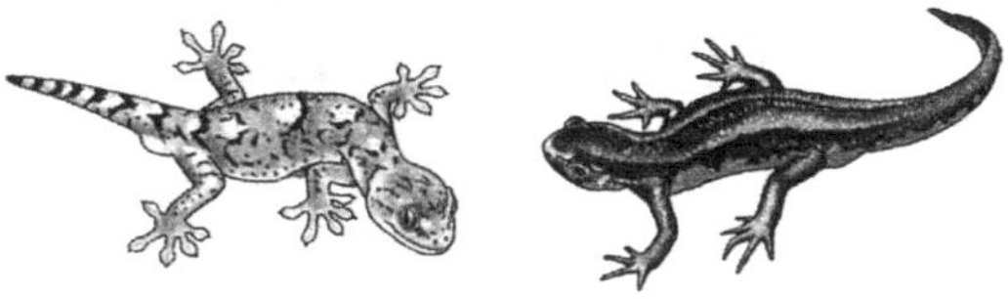

ニホンヤモリ　　アカハライモリ

図２

みるく：そうね，お腹の部分が赤くなっているところなど，デジカメで撮った写真はこの図鑑の図（図２）とそっくりだものね。アカハライモリって名前なのね。両生類って書いてあるわ。それで，水の中にいたのね。

くるみ：ついでに，ヤモリについても調べてみようか。

(1) 次のア～カからイモリと同じ両生類に属する動物を２つ選び，以下の①～⑥から正しい組み合わせを含むものを１つ番号で答えなさい。

ア　オオサンショウウオ	イ　ナマズ	ウ　ヤゴ(トンボの幼虫)
エ　アマガエル	オ　シマヘビ	カ　ワニ

①　ア・エ	②　ア・カ	③　イ・エ
④　イ・オ	⑤　ウ・オ	⑥　ウ・カ

(2) メダカなどの魚類とイモリなどの両生類の共通点について述べた次のア～エから，誤っているものを1つ選び，記号で答えなさい。

ア	どちらも，かたい殻を持たない卵を水中に産む。
イ	どちらも，骨と筋肉を持ち，体を動かしている。
ウ	どちらも，水中で肺呼吸をする。
エ	どちらも，まわりの温度の変化にともなって，体温が変化する。

(3) 次のア～カからイモリの特徴としてふさわしいものを3つ選び，以下の①～⑥から正しい組み合わせを含むものを1つ番号で答えなさい。

ア	体表はうろこでおおわれている。
イ	体表はうすい皮膚でおおわれている。
ウ	子は水中で生活するが，親は主に水辺で生活する。
エ	一生を水中で生活する。
オ	かたい殻を持つ卵を陸上に産む。
カ	寒天質に包まれた卵を水中に産む。

① ア・ウ・オ	② ア・エ・オ	③ ア・エ・カ
④ イ・ウ・オ	⑤ イ・ウ・カ	⑥ イ・エ・カ

(4) **図1**のイモリを実験室の水槽で飼育するときに，最も気を付けないといけないのはどういうことか。次のア～エから1つ選び，記号で答えなさい。

ア	水中に常に十分な酸素を送ってやること。
イ	エサは必ず新鮮な生きた小動物を与えること。
ウ	水槽内に水につかっていない陸地を作ること。
エ	水中にイモリが隠れる水草を植えること。

(5) 上の(3)のア～カからヤモリの特徴としてふさわしいものを選び，下の①～⑥から正しい組み合わせをすべて含むものを1つ番号で答えなさい。

① ア・カ	② イ・エ	③ ア・オ
④ ア・ウ・オ	⑤ イ・エ・カ	⑥ イ・ウ・オ

(6) 次のア～キの中で，ヤモリに仲間として最も近い動物はどれか。1つ選び，記号で答えなさい。

ア ホンドタヌキ	イ ザトウクジラ	ウ ウシガエル	エ カモシカ
オ ヤンバルクイナ	カ ジンベエザメ	キ ニホンカナヘビ	

理　科　3

【Ⅱ】 みるくさんとくるみさんは，翌月の体験授業で，宮崎市街地にある学校周辺の公園で図３の植物を見つけた。

くるみ：前から気になっていたのだけど，この植物は最近よく見かけるよね。何て名前なんだろう。

みるく：ハルジョオンとか，ヒメジョオンって言うんじゃない？

くるみ：その名前，聞いたことがあるわ。この花をデジカメで撮っておいて，後でネットで調べてみようか。

図３

くるみさんとみるくさんは，学校に帰ってからネットで検索した。

くるみ：ハルジョオンではなくて，ハルジオンというのが正式な名前みたいね。漢字では「春紫苑」と書くんだって。ヒメジョオンは「姫女苑」って書いてあるわ。漢字の方がまぎらわしくなくていいね。

みるく：ネットの写真や説明を見ると，花弁の形とか，つぼみのつき方とか，違いがよくわかるわね。花だけではなく，全体像を撮っておくことも大事だったということね。でも，この植物はハルジオンで決定ね。もっともっと調べたくなるわ。

くるみ：先生がネットの情報をそのまま信用してはいけないと言っていたけど，これは博物館のホームページなので，間違いないと思うわ。ハルジオンもヒメジョオンも，どちらも被子植物キク科って書いてある。花弁のつくりもキクの花そっくりだし。

みるく：あれ？どちらも北アメリカ原産の植物で，日本の生態系に多大な影響があるとされていて，侵略的 A 種ワースト100の中に含まれているそうよ。

⑴ 上文中の A に入る適当な用語を答えなさい。

⑵ 次のア～カから侵略的 A 種ワースト100に含まれる植物を１つ選び，記号で答えなさい。

ア シロツメクサ	**イ** セイヨウタンポポ	**ウ** オオイヌノフグリ
エ セイタカアワダチソウ	**オ** ムラサキツユクサ	**カ** スズメノカタビラ

⑶ 被子植物というのは「胚珠が子房の中に収まった植物」をいう。これに対して，「胚珠がむき出しになっている植物」のことを何というか。

(4) 次の**ア〜カ**から被子植物を３つ選び，以下の①〜⑥から正しい組み合わせを含むものを１つ番号で答えなさい。

ア	マツ	**イ**	スギゴケ	**ウ**	サクラ
エ	スミレ	**オ**	イチョウ	**カ**	ダイコン

① **ア・エ・オ**	② **イ・ウ・カ**	③ **ウ・エ・カ**
④ **ア・ウ・オ**	⑤ **イ・エ・オ**	⑥ **イ・オ・カ**

(5) **図３**の写真の一枚のように見える花弁のそれぞれは，実は数枚の花弁がくっついたものである。このような花を何というか。

(6) 次の**ア〜カ**から上の(5)と同じ花弁のつくりを持つ植物を３つ選び，以下の①〜⑥から正しい組み合わせを含むものを１つ番号で答えなさい。

ア	スイトピー	**イ**	バラ	**ウ**	タンポポ
エ	コスモス	**オ**	アブラナ	**カ**	ツツジ

① **ア・ウ・オ**	② **ア・イ・オ**	③ **イ・ウ・エ**
④ **イ・オ・カ**	⑤ **ウ・エ・カ**	⑥ **エ・オ・カ**

(7) ハルジオンとヒメジョオンは公園のどのような場所でよく見られるか。次の**ア〜エ**から最も適当なものを１つ選び，記号で答えなさい。

ア　公園の中央部など日当たりがよく，よく人から踏まれる場所。
イ　公園の周辺部で日当たりは良いが，あまり人が入ることがない場所。
ウ　公園の大きい木の下など半日陰になって，涼しくて乾燥した場所。
エ　公園の建物の陰など，ほとんど日光が当たらず，じめじめした場所。

2 次の【Ⅰ】・【Ⅱ】の問いに答えなさい。

【Ⅰ】 次の(1)～(6)の問いに，それぞれ適切な語句または数値で答えなさい。

(1) ポリエチレンテレフタラート（PET），ポリエチレン（PE），ポリプロピレン（PP），ポリスチレン（PS），ポリ塩化ビニル（PVC）の中で，他に比べ燃えにくく，水に沈むのはどれか。「PET」のように，略記号を用いて答えなさい。

(2) 細かく切った野菜をオキシドール（過酸化水素水）に入れたときに発生する気体は何か。**物質名**で答えなさい。

(3) 水を電気分解したとき，陰極側と陽極側にたまった気体の体積比は，およそ何対何になるか。**最も簡単な整数比**で答えなさい。

(4) ドライアイスの上に点火したマグネシウムを置いてしばらくすると，ドライアイスの上に黒い粉末状の物質が観察された。この黒い物質は何か。**物質名**で答えなさい。

(5) 硫酸に水酸化バリウム水溶液を加え，中和したときに生じる塩は何か。**化学式**で答えなさい。

(6) 充電して使うことができる電池のことを何電池というか。**漢字**で答えなさい。

【Ⅱ】 X，Y，Zからなる混合物8.0（g）に水を加えてろ過をすると，電解質であるZだけが水に溶けた。つづいて，ろ紙に残った固体には実験１および実験２を，ろ液には実験３をおこなった。これについて，あとの問いに答えよ。

なお，X，Y，Zは，銅Cu，酸化銅CuO，塩化銅$CuCl_2$のいずれかであることが分かっている。

また，XからYが生じる反応，あるいはYからXが生じる反応における質量の関係は，右の図で示される。

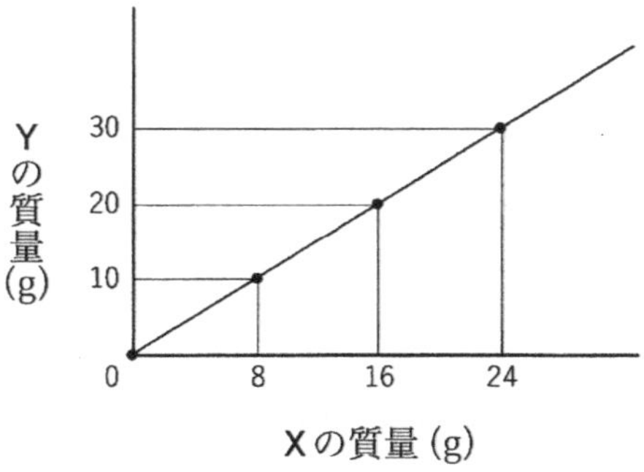

実験１　ろ紙に残った固体に十分な量の酸素を反応させると，Y 6.0（g）が得られた。

実験２　実験１で得られたYに十分な量の水素を反応させると，Xが得られた。

実験３　ろ液を電気分解すると，陽極から（　①　）が発生し，陰極に（　②　）が付着した。

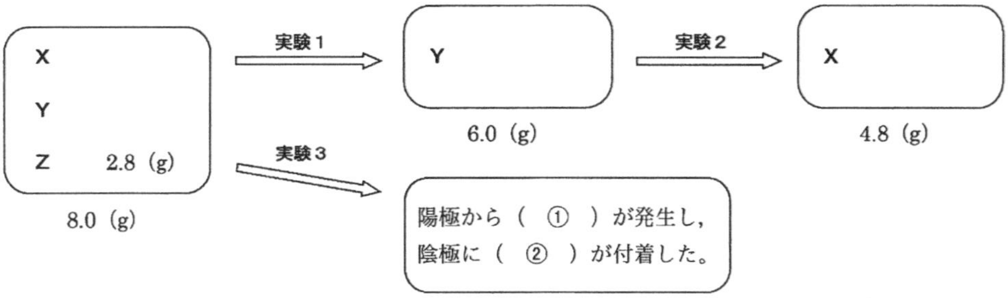

(1)　Zはいずれの物質と考えられるか。最も適当なものを次のア～ウの中から１つ選び，記号で答えなさい。

ア　Cu	イ　CuO	ウ　$CuCl_2$

(2)　実験３の結果について，陽極から発生した（　①　）は何か。最も適当なものを次のア～オの中から１つ選び，記号で答えなさい。

ア　酸素	イ　塩素	ウ　アンモニア	エ　二酸化炭素	オ　水素

⑶　⑵について，陽極から発生した（　①　）の性質としてあてはまるものはどれか。最も適当なものを次のア～オの中から1つ選び，記号で答えなさい。

ア　石灰水を白く濁らせる。
イ　プールの消毒剤のようなにおいがする。
ウ　赤色リトマス紙を青色に変化させる。
エ　爆発性がある。
オ　助燃性がある。

⑷　**実験3**の結果について，陰極に付着した（　②　）は何か。最も適当なものを次のア～エの中から1つ選び，記号で答えなさい。

ア　塩化銅	イ　酸化銅	ウ　塩素	エ　銅

⑸　**実験2**の結果について，得られたXは何gか。最も適当なものを次のア～オの中から1つ選び，記号で答えなさい。

ア　1.2	イ　1.8	ウ　2.4	エ　3.0	オ　4.8

⑹　X，Y，Zからなる混合物8.0（g）中におけるXの質量割合は何％か。最も適当なものを次のア～オの中から1つ選び，記号で答えなさい。

ア　20	イ　40	ウ　50	エ　60	オ　80

3 次の【Ⅰ】・【Ⅱ】の問いに答えなさい。

【Ⅰ】 下の図のように，直流電源装置や電流計などの実験装置を用いて，導線に流れる電流とU字型磁石による磁力のはたらく空間との関係を調べた。回路に電流を流すと導線が動いた。次の問いに答えなさい。

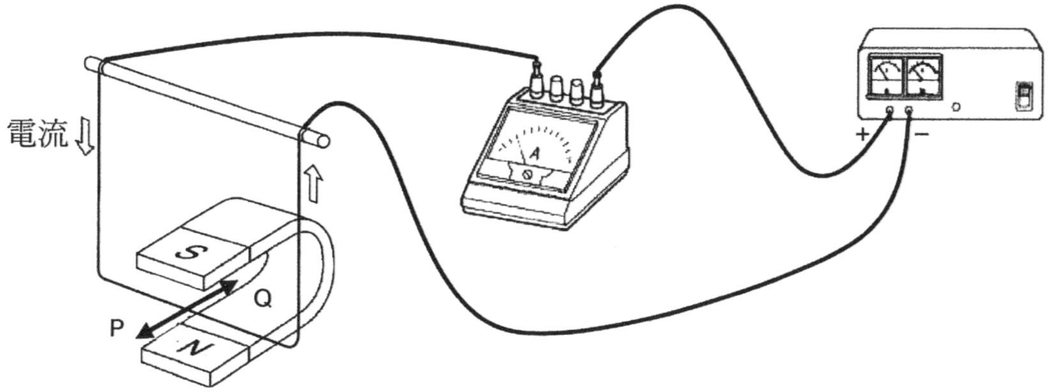

(1) 磁力のはたらく空間を何というか，**漢字**で答えなさい。

(2) (1)の向きはN極とS極，どちらからどちらの向きか，書きなさい。

(3) 矢印の向きに電流を流すと，導線の動く向きはどうなるか。次のア〜ウから1つ選び，記号で答えなさい。

ア Pの向きに動く　　イ Qの向きに動く　　ウ 動かない

(4) 導線に流れる電流の向きはそのままで，U字型磁石を上下逆向きにした場合，導線の動く向きはどうなるか。次のア〜ウから1つ選び，記号で答えなさい。

ア Pの向きに動く　　イ Qの向きに動く　　ウ 動かない

(5) 導線の動きを大きくするにはどうすればよいか，簡単に答えなさい。

【Ⅱ】 図1のように，たて，横，高さがそれぞれ4cm，5cm，2cmで，質量200gの直方体の物体がある。この物体について，あとの問いに答えなさい。ただし，100gの物体にはたらく重力の大きさを1Nとする。

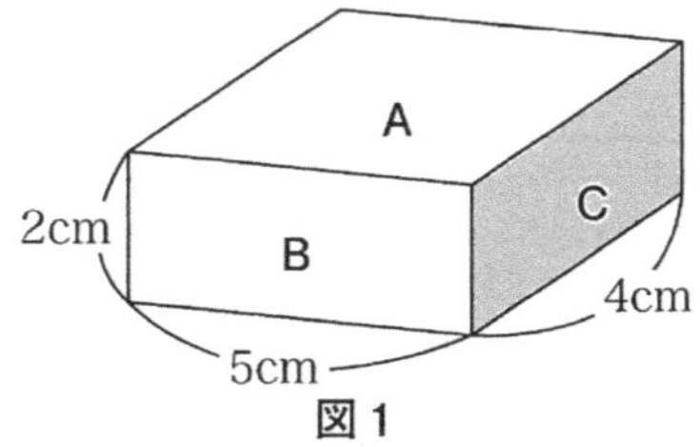

図1

⑴ この物体の密度は何g/cm^3か，答えなさい。

⑵ 物体の下にスポンジを置き，スポンジを押すはたらきを調べた。A面，B面，C面それぞれを下にしたとき，スポンジのへこみ方が大きい順にA，B，Cの文字を使って並べなさい。

⑶ A面，B面，C面をそれぞれ下にしてスポンジの上に置いたとき，次の①，②について，関係が正しいものはどれか。下のア～キから1つずつ選び，記号で答えなさい。

① スポンジにかかる力の大きさ
② スポンジにはたらく圧力の大きさ

ア A＝B＝C　イ A＝B＞C　ウ A＞B＝C　エ A＞B＞C
オ A＜B＝C　カ A＝B＜C　キ A＜B＜C

⑷ ⑵で，A面，B面，C面をそれぞれ下にしたとき，スポンジのへこみが一番小さかったときに比べて，へこみが一番大きくなったときは，物体がスポンジに与えた圧力は何倍になるか，答えなさい。

⑸ スポンジの上で，A面を下にしておいたときと，B面を下にしておいたときで，スポンジに加える圧力を同じにしたい。そのためには，A面を下にしておいた物体を下向きに押すか，上向きに引くかどちらの方法で力を及ぼせばよいか。また，それは何Nの力か，答えなさい。

⑹ 100gのおもりをつるすと2cmのびるばねがある。上の図1の直方体の物体にばねをつけて，十分深く水の入った水そうに物体を完全につけてつるした。水の密度を1g/cm^3としたとき，ばねののびは何cmになるか，答えなさい。

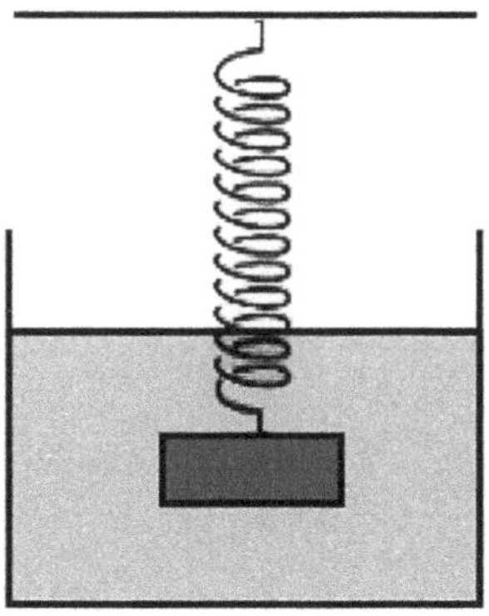

4 次の会話文を読み，あとの問いに答えなさい。

以下は宿題に取り組む，るりさんとふうまさんの会話です。

ふうま：今日の宿題すごく難しいよ。これ見て。

> 地球から見た満月の視直径は 0.5° になっています。視直径 0.5° の満月とは，天球の地平線からこの満月を 180 個すき間なく並べると，天頂に到達する大きさです。次にあげる数値を用いて，地球から月までのおよその距離（km）を求めなさい。なお，月は地球を中心とした正円軌道上を公転すると考えなさい。
>
> 〈月の公転速度　1000 m／秒　　月の自転周期　28 日　　円周率　3.15〉

る　り：本当だね。どこから手を付けたらいいのかわからないね。でも，この『視直径』の意味がわかれば解けそうな気がしない？

ふうま：確かにそうだね…。とは言っても，「天球の地平線からこの満月を180個すき間なく並べる」とか，意味が全くわからないよ。

図1

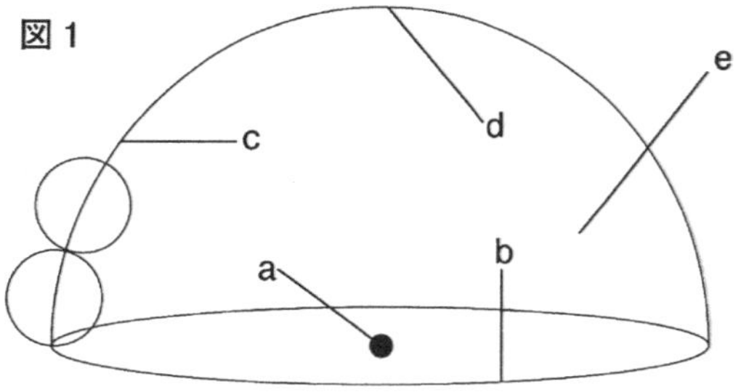

る　り：問題を解くときには，イメージ化と言い換えが大事！って先生が言ってたよね。とりあえず図を描いてイメージ化しよう（図1）。
…観測地点を(ア)ここしたときの天球を描いてみたよ。(イ)地平線から，満月を180個，(ウ)ここまで並べるわけだね。月は180個のうちの２個を大きめに描いたよ。さすがに全部は描けないからね。

ふうま：なるほど。視直径0.5°の満月というのは，このような月というわけだね。イメージできてきたよ。地球の観測者から見たとき，0.5°という角度で大きさが示されているという事は，視直径0.5°が示す大きさは…改めて図で描いてみると（図2）…(エ)ここじゃないかな！

図2

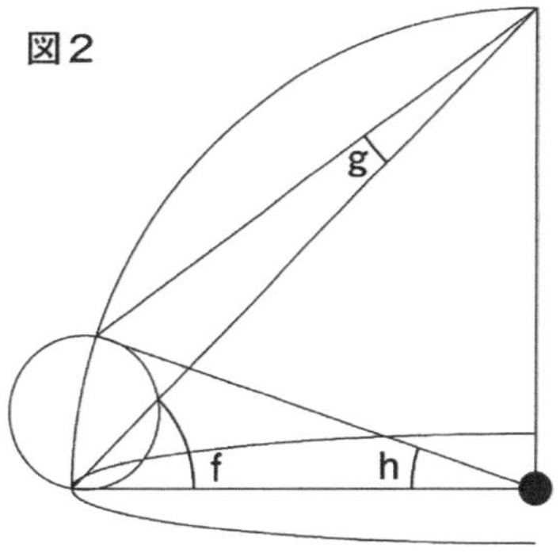

る　り：きっとそうだよ！さて，ここからどう進めていこうか。

ふうま：数学の問題を解くときの定石として，知りたい所を文字でおくよね。今回は地球から月までの距離を求めようとしているから，(オ)地平線上のこの点からここまでをXとおいてみよう。

る　り：天の子午線を月の公転軌道の一部と考えたら，Xは月の公転軌道の半径と考えられるね。ということは，月の公転距離がXを使った式で求められそうだよ。月の公転距離は（A）だ。

ふうま：公転距離から，月のおよその直径も求められそうじゃない？天の子午線の半分の長さは，公転距離の４分の１に相当するでしょ。この場所に月をすき間なく並べると180個並べられるのだから，月の直径はXを使って表すと（B）だね。それにしても，少ない情報だけど，上手く使えば結構いろんなことがわかるんだね。月の自転周期はどう使うと思う？

る　り：月は【　　　C　　　】から，月の自転周期と公転周期は同じになっているよ。つまり月の自転周期は月の公転周期に言い換えられるよ！

ふうま：なるほど！すごい！もう少しで答えにたどり着けそうな気がする！

⑴　下線部（ア）～（エ）を述べた際に，２人が指し示した場所は**図１**，**図２**中の**a**～**h**のうちのどれか。適当な場所をそれぞれ選び，記号で答えなさい。

⑵　下線部（**オ**）について，ふうまさんが**X**とおいた直線を解答用紙の図に示しなさい。

⑶　会話文中の空らん（A），（B）に入る適切な数式を答えなさい。

⑷　会話文中の空らん【　C　】に入る，月に関する天文現象を文章で書きなさい。

⑸　この宿題の問題の答えを求めなさい。

⑹　宿題の問題に見事正解したるりさん，ふうまさんは先生から追加の課題を出されました。イメージ化，言い換えを行い，次の問いに答えなさい。

ある晴れた日の真夜中，南中した月が満月である**確率**（％）を求めなさい。ただし，月食は起きないものとし，真夜中は日没直後から６時間が経過した状態とする。

令和５年度

宮崎第一高等学校入学者選抜学力検査問題

（１月25日　第５時限　13時10分～13時55分）

英　　語

（普通科・国際マルチメディア科・電気科）

（注　　　意）

１．「始め」の合図があるまで，このページ以外のところを見てはいけません。
２．問題用紙は，表紙を除いて10ページで，問題は７題です。
３．「始め」の合図があったら，まず解答用紙に出身中学校名，受験番号と氏名を記入し，次に問題用紙のページ数を調べて，抜けているページがあれば申し出てください。
４．答えは，必ず解答用紙に記入してください。
５．印刷がはっきりしなくて読めないときは，静かに手をあげてください。問題内容や答案作成上の質問は認めません。
６．「やめ」の合図があったら，すぐ筆記用具をおき，問題用紙と解答用紙を別にし，裏返しにして，机の上においてください。

問題用紙は持ち帰ってかまいません。

英　語　1

1　次の(1)～(15)の英文の空所に入れるのに最も適当なものを，それぞれあとの選択肢①～④のうちから１つずつ選び，記号で答えなさい。

(1)　(　　　　) you ready to begin?
　① Is　② Am　③ Are　④ Do

(2)　I (　　　　) rugby yesterday.
　① play　② do　③ did　④ played

(3)　Reading books (　　　　) my hobby.
　① is　② am　③ are　④ do

(4)　It is important for (　　　　) to get up early.
　① we　② our　③ us　④ ours

(5)　I think the mountains are (　　　　) than the sea.
　① nice　② good　③ better　④ best

(6)　I'm interested (　　　　) classical music.
　① on　② for　③ in　④ with

(7)　A: I want to travel around Japan by train.
　B: (　　　　) fantastic.
　① Hears　② Sounds　③ You were　④ It was

(8)　A: Could you tell me (　　　　) get to Miyazaki Station?
　B: Of course.
　① how to　② what to　③ how about　④ what about

(9)　Miki, an important person to me, always makes me (　　　　).
　① happy　② happily　③ friend　④ friendly

(10)　In India, hot lunches are delivered to schools or workplaces (　　　　) fail.
　① with　② without　③ inside　④ outside

(11) People have started to see how good sleep (　　　　) our work.

① to bed　　② while　　③ improves　　④ makes it better

(12) Basketball was born in the U.S., (　　　　) it?

① did　　② didn't　　③ was　　④ wasn't

(13) I went to see a professional basketball game yesterday. It was (　　　　).

① amazing　　② amazed　　③ amazement　　④ amazes

(14) Shinji let me (　　　　) his computer. He was so kind.

① use　　② uses　　③ used　　④ using

(15) A: Do you want (　　　　) more rice, Masaru?

B: No, thank you. I'm full.

① some　　② a few　　③ many　　④ nothing

英　語　3

2　次の(1)～(5)の日本文に合うように，［　　　］内の語句を並べかえなさい。そして，２番目と４番目にくるものの最も適当な組み合わせを，それぞれあとの選択肢ア～エのうちから１つずつ選び，記号で答えなさい。
※ ただし，文頭にくるべき語句も小文字になっています。

(1) あなたは何回イタリアへ行ったことがありますか。
[have / you / how / times / many] been to Italy?
______ ______ ______ ______ ______ been to Italy?
↑２番目　↑4番目
ア　many - have　　イ　have - many　　ウ　times - you　　エ　you - times

(2) サラはフランス語で書かれた手紙を読んでいます。
Sarah is [a letter / in / written / French / reading] .
Sarah is ______ ______ ______ ______ ______.
↑２番目　↑4番目
ア　reading - a letter　　イ　a letter - in　　ウ　in - written　　エ　written - French

(3) マッシュは昨日忙し過ぎて新聞を読むことができませんでした。
Mash was [read / the newspaper / too / to / busy] yesterday.
Mash was ______ ______ ______ ______ ______ yesterday.
↑２番目　↑４番目
ア　busy - the newspaper　　イ　too - to　　ウ　busy - read　　エ　too - busy

(4) ダラが次の週末どこに行くのか知っていますか。
Do you [know / is / where / Dala / planning] to go next weekend?
Do you ______ ______ ______ ______ ______ to go next weekend?
↑２番目　↑４番目
ア　know - is　　イ　is - planning　　ウ　where - is　　エ　where - Dala

(5) インターネットより新聞の方が，より良い情報を得ることができます。
[newspapers / better / information / us / give] than the Internet.
______ ______ ______ ______ ______ than the Internet.
↑２番目　↑４番目
ア　newspapers - give　　イ　better - information
ウ　give - us　　エ　give - better

3　次の(1)～(5)の英文が表す単語を，それぞれあとの選択肢①～④のうちから1つずつ選び，記号で答えなさい。

(1) You stay here for a short time. There are beds in the room.

① hotel　② house　③ station　④ school

(2) This word means one of your four long thin parts on your hand, not including your thumb. People in America use two of them to wish luck.

① finger　② body　③ head　④ hair

(3) This means the number of people living in the area or country.

① popular　② population　③ famous　④ fame

(4) This means someone who is traveling in a plane, train, or bus, but is not driving it or working on it.

① taxi　② driver　③ passenger　④ customer

(5) You learn this word at elementary school, but it has many meanings. One is to move your legs more quickly than when you walk. Another is to set up a business such as a restaurant or a company.

① make　② eat　③ work　④ run

英 語 5

4 次の(1)〜(10)の日本文に合うように，空所に入る適語を英語１語で書きなさい。

(1) すぐに医者を呼びます。
I'll call a doctor (　　　　) now.

(2) 私は何冊かの本をイギリスに注文した。
I ordered some books (　　　　) the U.K..

(3) あなたは幽霊の存在を信じますか。
Do you (　　　　) in ghosts?

(4) 喫煙は我々の健康に影響を与える。
Smoking (　　　　) our health.

(5) 昨日は熱がありました。
I had a (　　　　) yesterday.

(6) 誰かが私のカサを持って行った。
Someone has (　　　　) my umbrella.

(7) 今日の新聞によると，イタリアで地震があったようです。
(　　　　) to today's paper, there was an earthquake in Italy.

(8) 歴史を通して，ヨーロッパの人々はチョコレートを多く消費してきた。
Throughout history, people in Europe have (　　　　) a lot of chocolate.

(9) エアコンを消してください。
Turn (　　　　) the air conditioner, please.

(10) もうすぐ春ですね。
Spring is just around the (　　　　).

【令和五年度】

国語解答用紙

（普通科・国際マルチメディア科・電気科）

出身中学校	中学校
受験番号	
氏名	

合計
※100点満点 （配点非公表）

㊟ 合計欄・小計欄には何も記入しないで下さい。

文字は楷書で丁寧に書いて下さい。

一

問一 ㋐ ㋑ ㋒ ㋓ ㋔ う

問二 ⓐ ⓑ ⓒ

問三 A B C D

問四 〜 から。

問五

問六

問七

一・小計

6

(1)	(2)	(3)	(4)

小計

7

(1)	(2)	(3)	(4)	(5)

小計

8

(1)				
(2)			(3)	
a	c	h	b	g

小計

9

(1)	(2)

(3)	
どんな問題か？	
なぜ問題が起こるのか？	
解決に向けてどうすればいいか？	

(4)

小計

10

(1)					
A	B	C	D	E	F

(2)

(3)

小計

3

(1)	(2)	(3)	(4)	(5)
$a=$			P(　　,　　)	

小計	

4

(1)	(2)	(3)	(4)	(5)
本	本	本	個	個

小計	

5

(1)				(2)	(3)	(4)
(ア)		(イ)		cm	cm³	cm³

小計	

(5)	(6)

小計	

3

	(1)	(2)	(3)	(4)
I		極　から　極		
	(5)			

	(1)	(2)	(3)	
II	g/cm^3	→　→	①	②

	(4)	(5)		(6)
II	倍	向き	N	cm

小計	

4

(1)			
ア	イ	ウ	エ
(3)			
A		B	
(4)			
(5)		(6)	
km		%	

(2)

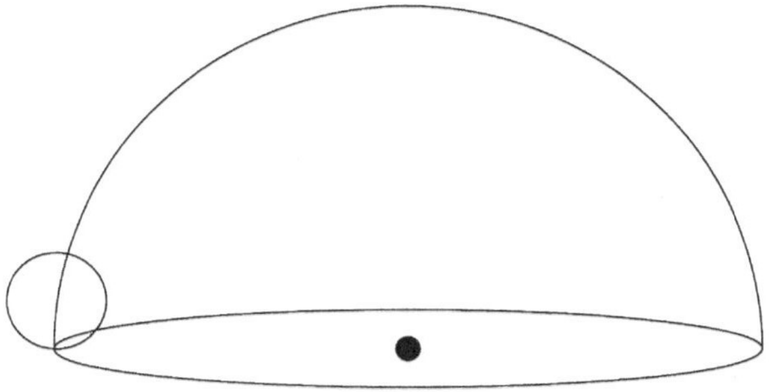

小計	

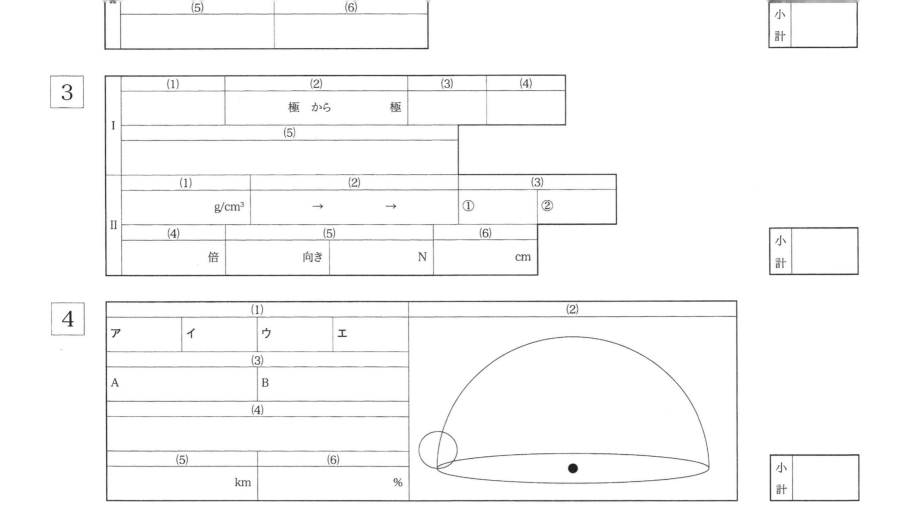

4	(1)		(2)		(3)		(4)	
	(5)		(6)		(7)		(8)	
	(9)		(10)					

小計	

5	(1)		(2)		(3)		(4)		

小計	

6	(1)		(2)		(3)	(A)		(B)		(4)	

小計	

7	(1)		
	(2)		

小計	

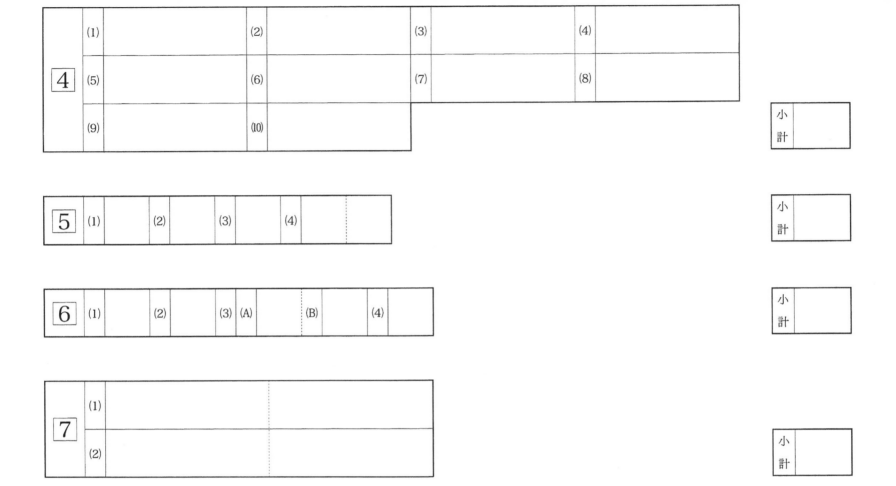

（令和５年度）英　語　解　答　用　紙（普通科・国際マルチメディア科・電気科）

出身中学校	中学校	受験番号		氏名	

㊟　合計欄・小計欄は記入しないでください。

合計	※100点満点（配点非公表）

1	(1)		(2)		(3)		(4)		(5)		(6)		(7)		(8)		(9)		(10)	
	(11)		(12)		(13)		(14)		(15)											

小計	

2	(1)		(2)		(3)		(4)		(5)	

小計	

3	(1)		(2)		(3)		(4)		(5)	

小計	

【解答

（令和5年度） **理　科　解　答　用　紙**（普通科・国際マルチメディア科・電気科）

出　　身 中 学 校	中学校	受験番号		氏 名	

㊟　合計欄・小計欄は記入しないで下さい。

合 計	※100点満点 （配点非公表）

1

	(1)	(2)	(3)	(4)
I				
	(5)	(6)		
II	(1)	(2)	(3)	(4)
	種		植物	
	(5)	(6)	(7)	
	花			

小 計	

2

	(1)	(2)	(3)	(4)
I			：	
	(5)	(6)		

【解答

（令和5年度） # 数　学　解　答　用　紙 （普通科・国際マルチメディア科・電気科）

出　身 中学校	中学校	受験番号		氏　名	

㊟　合計欄・小計欄は記入しないで下さい。

合計	※100点満点 （配点非公表）

〔注意〕
① 答えを分数で書くときは，約分した形で書きなさい。
② 答えに$\sqrt{\ }$を含む場合は，$\sqrt{\ }$の中を最も小さい正の整数にしなさい。
③ 円周率はπとする。

1

(1)	(2)	(3)	(4)	(5)
				$x=$

小計	

2

(1)				(2)		(3)	(4)
階級	～	最頻値		$\angle x=$　°	$\angle y=$　°	$x=$	

小計	

（令和5年度）社　会　解　答　用　紙（普通科・国際マルチメディア科・電気科）

出　　身 中 学 校	中学校	受験番号		氏 名	

㊟　合計欄・小計欄は記入しないで下さい。

合計	※100点満点 （配点非公表）

1

(1)	(2)			
A	B	C	D	E
(3)				
a	b	c	d	e
県名	県名	県名	県名	県名
(4)				

小計	

2

(1)	(2)	(3)

小計	

3

(1)				
a	b	c	d	e
国名	国名	国名	国名	国名
(2)	(3)	(4)		

小計	

4

(1)
(2)

小計	

【解答

二

問一
㋐ えた
㋑ き
㋒
㋓
㋔ い

問二
X
Y

問三
① もしも　　かもしれない。
② もしも　　かもしれない。

問四

問五
40

問六

三

問一
ⓐ
ⓑ

問二

問三

問四

問五

二・小計

三・小計

5　日本に短期留学中の小学５年生である双子のトム(Tom)とジュディ(Judy)が，あるウェブサイト（英語版）の【広告】を見ながら話をしています。【２人の対話】をもとに，あとの(1)〜(4)の問いに答えなさい。

【広告】

Daiichi Tennis Club Notice

A spring camp will be held for young tennis players.
This three-day camp is from May 3 to 5, and it is for students in grades 3 to 6.

Times:	9:00 a.m. — 11:30 a.m.	Grades 3 and 4
	1:00 p.m. — 3:30 p.m.	Grades 5 and 6
Fee:	$30	
	Everyone will receive a free camp towel.	
Place:	Daiichi Junior High School Tennis Court	

Students should arrive 10 minutes before their starting time. On the last day of the camp, a professional tennis player, Jeffrey Amoako, will come to teach the students.

To join, please e-mail Masaru Fujita by April 28.

camp-info@daiichitennis.org

英　語　7

【2人の対話】

Tom: Hey, Judy. Do you know anything about Daiich Junior High School?

Judy: Yes. It's famous for its school bus. I've seen some students getting on the bus before. But why did you ask?

Tom: Take a look at this website. It says there will be a three-day camp for young tennis players. As you know, (1)I really like the way they practice in this country.

Judy: So, you want to join the event?

Tom: Yes. And I think this will be a good chance for you to try something new, Judy. If you want to start a new sport, I'm sure you'll like tennis. Let's go together!

Judy: Oh, OK. If you say so, I'll give it a try. What time shall we leave home on that day?

Tom: Do you think we can go there by bike?

Judy: Yes, but it'll take about thirty minutes by bike.

Tom: So we must leave home by (②).

Judy: OK. Sounds like a plan!

Tom: And the website says every student who joins the camp will (③).

Judy: Fantastic! I can't wait.

(1) 下線部(1)の内容から判断できる事として最も適当なものを，あとの選択肢ア～エのうちから1つ選び，記号で答えなさい。

ア Tomは，日本の武道が気に入っている。

イ Tomは，日本と自分の出身国は似ていると思っている。

ウ Tomは，この国の道は実用的だと思っている。

エ Tomは，日本におけるスポーツの練習方法が気に入っている。

(2) 空所②に入れるのに最も適当なものを，あとの選択肢ア～エのうちから1つ選び，記号で答えなさい。

ア 8：20

イ 8：30

ウ 12：20

エ 12：45

(3) 空所③に入れるのに最も適当なものを，あとの選択肢ア～エのうちから1つ選び，記号で答えなさい。

ア start practice in the morning

イ play tennis with Masaru Fujita every day

ウ run for 10 minutes after practice

エ get a free towel

(4) 【広告】や【2人の対話】の内容と一致するものとして最も適当なものを，あとの選択肢ア～オのうちから2つ選び，記号で答えなさい。(順不同)

ア Tomは初め，【広告】に掲載されているイベントに参加することに消極的である。

イ Jeffrey Amoako先生が，生徒を引率する予定である。

ウ イベントの参加申し込みは，メールにて4月下旬までに済ませる必要がある。

エ プロのテニス選手が指導に来るのは，4月28日である。

オ Judyは新しいスポーツに挑戦する気になった。

6 次の英文を読み，あとの問いに答えなさい。

(1) Have you ever heard a story like this? A woman moves to a new town with her cat. After a few weeks, her old neighbors are surprised to find the cat at their door. It has found its own way back home.

Not many animals have traveled as far as Tom, a dog in America who traveled 1,600 kilometers to come back. In 1991, Sam, a cat in Australia, traveled 80 kilometers more than Tom. In Japan, Taro, a dog, traveled half the distance Sam traveled. Do they have maps, a compass or a GPS in their heads?

Scientists think that cats have something magnetic inside their bodies. They also think that 'homing' pigeons also have (2) the same thing. They are called 'homing' because they are able to find their way home. Many birds travel a long distance without getting lost when they fly south for the winter. They follow the magnetic lines of the earth to find their way.

(1) 下線部(1)を日本語になおしたものとして最も適当なものを，あとの選択肢ア～ウのうちから１つ選び，記号で答えなさい。

ア　あなたはこのような話を聞いたことがありますか。

イ　あなたはこのような話を気に入りましたか。

ウ　あなたはこのような話を好きになったことがありますか。

(2) 下線部(2)が示す内容として最も適当なものを，あとの選択肢ア～ウのうちから１つ選び，記号で答えなさい。

ア　'homing' pigeons

イ　something magnetic

ウ　their way home

(3) Tomの例にしたがって，以下の表の空所（A），(B）に入れるものとして最も適当なものを，それぞれあとの選択肢ア～カのうちから１つずつ選び，記号で答えなさい。

名前	国	歩いた距離
Tom	アメリカ	1，600 km
Sam	(A)	
Taro		(B)

ア　オーストラリア

イ　オーストリア

ウ　日本

エ　40 km

オ　1，680 km

カ　840 km

(4) 本文のタイトルとして最も適当なものを，あとの選択肢ア～エのうちから１つ選び，記号で答えなさい。

ア　犬と猫の違い

イ　磁石の特性

ウ　渡り鳥の習性

エ　動物が方角を知る方法

7 つぎの(1)，(2)の日本文に合うように，空所に入る適語を英語で１語ずつ書きなさい。

(1) 僕はかなづちなんだ。

I (　　　　) (　　　　) well.

(2) 彼は顔が広いよ。

He (　　　　) (　　　　) to many people.

2023(R5) 宮崎第一高（普・国・電）
K 教英出版

令 和 4 年 度

宮崎第一高等学校入学者選抜学力検査問題

（1月26日　第1時限　9時00分～9時45分）

国　　語

（普通科・国際マルチメディア科・電気科）

（注　　意）

1．「始め」の合図があるまで、このページ以外のところを見てはいけません。
2．問題用紙は、表紙を除いて12ページで、問題は3題です。
3．「始め」の合図があったら、まず解答用紙に出身中学校名、受験番号と氏名を記入し、次に問題用紙のページ数を調べて、抜けているページがあれば申し出てください。
4．答えは、必ず解答用紙に記入してください。
5．印刷がはっきりしなくて読めないときは、静かに手をあげてください。問題内容や答案作成上の質問は認めません。
6．「やめ」の合図があったら、すぐに筆記用具をおき、問題用紙と解答用紙を別にし、裏返しにして、机の上においてください。

問題用紙は持ち帰ってかまいません。

国語 1

一 次の文章を読んで、後の問いに答えなさい。

「うそ」というと、すぐに「うそをついてはいけない」「他人のうそにだまされるのはⓐしゃくにさわる」「だまされないようにしよう」といったことばかりが思い浮かべられがちです。しかし、①「うそ」というものには、私たちの考えをゆたかにしてくれる生産的なはたらきもあるということを見落としてはならないと思います。そこで、今回はそういう話を書きましょう。

小説のことを「フィクション」といいます。「つくりごと」、つまりは「うそ」ということです。それなら、「小説にはみなまるっきりのうそばかりが書いてあるか」というとそうではないでしょう。第一、ただのうそばかりだったら、読んでいてまるでおもしろくないにちがいありません。作家の想像し、創造したうその話の中に、「人間というものの真実の姿が、いわゆる本当の話よりずっと㋐センメイに、浮きぼりにされている」と思うからこそ、私たちは小説の話に感動したりすることもできるのでしょう。

歴史小説などというものを考えてみても、作者は、まるで見てきたようなうそ――本当にそんなことがあったのかどうか、保証できないような創作をやってのけます。ところが、その「創作」のために、かえって歴史上の人物が㋑ヤクドウしてきて、本当の歴史が見えてくるということはないでしょうか。「歴史学者の書く歴史よりも、小説家の書く歴史小説の方がかえって真実味がある」と感じられることが少なくありません。

うそ、フィクション、想像の事実をもとにして真実を浮きあがらせていく――それはなにも小説や芸術の世界だけにあるのではありません。じつは芸術などとは真っ向から対立すると思われている②科学の世界でも、うそ、フィクション、想像というものが重要な役割をはたしているのです。

ふつうには、よく「科学というものは、芸術とちがって、ものをありのままに観察して研究するものだ」と思われていますが、そんなことはありません。それどころか、いくらありのままに観察しようとしても見えない真実をさぐるのが科学というものです。そのために科学者はよく「仮説」というものを㋒設けます。また、「仮《かり》の説」で、本当かどうかわからない、そういう説を考えてみるのです。

仮の説、仮説の中には、はじめからだれにだってもっともらしく見えるものもありますが、ふつうの人びとにはなかなか納得しかねる、「うそにきまっている」と思われるようなものもないではありません。そういう、はじめはなかなか信用されなかったようなことが本当だということがわかったとき、それこそすばらしい大発見だといわれるようになるのです。「この大地はまるいのではないか」という考えだって、「太陽が地球のまわりをまわっているのではなくて、地球が太陽のまわりをまわっているのではないか」という考えにしても、はじめは多くの人びとから「そんなことはありっこない」、「うそにきまっている」と考えられていたものでした。「この世のものはすべて原子からできている」という考えもそうでした。

そこで、そういう「大地球形説」や「太陽中心地動説」「原子論」「進化論」などを㋓唱える人びとは長い間「うそつき」とⓑののしられ、「世をまどわす危険人物」として※排斥《はいせき》されたりしました。そういうどの説も、はじめからすべての人びとを十分納得させうるだけの証拠をそろえることはできなかったのですから、③〈　　　〉もありません。科学上の仮説というものだって、それを認めない人にとっては「まっかなうそ」にすぎないのです。ですから、とくにその「うそ」が人びとの思想の上に大きな影響をもつようなものだとしたら、そのような「うそ」の㋔フキュウを極力抑圧しようとするでしょう。

そこで、新しい学説の提唱者たちは、自分の学説を「たんなる仮説にすぎないもの」として、おそるおそる提出しなければならないことが少なくありませんでした。「本当ではないが、頭の体操としてはおもしろいと思うから考えてみてほしい」というのです。地動説を唱えたコペルニクスの『天球の回転について』や、ガリレオの『天文学対話』はそうやってやっとのことで出版されたのです。（　Ａ　）それにもかかわらず、ガリレオはその本で地動説の真実性を強く訴えすぎたというので宗教裁判にかけられ、コペルニクスの本ともども発禁書にされてしまったのです。

よく、「キリスト教は真理を弾圧した」というようなことがいわれますが、弾圧した方からみれば、「それが真実でない、うそにきまっていて、（　Ｂ　）、人びとをまどわすうそだ」と判断したからこそ抑圧したのだ、ということになるのです。

たいていの思想弾圧というものはそういうものです。（　Ｃ　）、「思想の自由」「言論の自由」というのは、「真理を主張する自由」と考えてはいけません。「真理を主張する自由」ということになれば、多数派が真理と認めないものは抑圧してもいいことになってしまいます。本当の「思想・言論の自由」というのは、「多くの人びとの目からみてうそにみえようとも、自分には本当に思えることを考え、主張する自由だ」といわなければならないのです。

いや、科学研究の場合には、「自分にもそうは思えない」というような、いろいろな可能性を検討してみることも大切なのです。みんなが「そんなことはない」と思い、「そんなことを考えるのはばかだ、けしからんやつだ」と思っているようなことでも、「もしかしたら」と考えられたら、そのことも本気でたしかめてみる、そうしてはじめて科学上の大発見というものが生まれるのです。

日本人には、人びとをあっとおどろかせるような大発見がとてもとぼしいように私には思われてならないのですが、それは「これまでの日本人がきわめて④常識的な人間だったからだ」ということができるでしょう。

その「常識的だ」というのはまた、常識の世界から脱《ぬ》けだせない――いわば常識で考えると「うそにきまっている」ようなことは考えまいとする、うそに対する強い抑制心がありすぎるともいえるのではないでしょうか。

（板倉聖宣『科学的とはどういうことか』より）

※排斥……受け入れがたいものとして、拒みしりぞけること。

国語 3

問一　═══線㋐～㋔の漢字は平仮名に、カタカナは漢字に直しなさい。

問二　〰〰線ⓐ・ⓑの意味として最も適切なものを下のア～エの中からそれぞれ選び、記号で答えなさい。

ⓐ　しゃくにさわる

ア　恥だと思う
イ　傷つく
ウ　気になる
エ　腹が立つ

ⓑ　ののしられ

ア　おそれて警戒され
イ　誤りをつきつけられ
ウ　大声で非難され
エ　根拠なく決めつけられ

問三　（　A　）～（　C　）に当てはまる語を次のア～エの中からそれぞれ選び、記号で答えなさい。

ア　しかも　　イ　一方で　　ウ　ですから　　エ　ところが

問四　———線①「『うそ』というものには、私たちの考えをゆたかにしてくれる生産的なはたらきもある」とありますが、小説や芸術の世界での「うそ」のはたらきを説明した部分を本文から三十五字以内で抜き出し、最初と最後の五字を答えなさい。（句読点も含む。）

問五　———線②「科学の世界でも、うそ、フィクション、想像というものが重要な役割をはたしている」とありますが、それはなぜですか。六十字以内で説明しなさい。

問六　———線③が「もっともだ」という意味になるよう、空欄に入る適切な語を次のア～オの中から一つ選び、記号で答えなさい。

ア　道理　　イ　無理　　ウ　論理　　エ　一理　　オ　真理

問七　———線④「常識的な人間」とは、ここではどのような人間のことですか。解答欄に合うように、本文から十五字以上二十字以内で抜き出しなさい。

問八　本文の内容に合致するものを次のア～エの中から一つ選び、記号で答えなさい。

ア　歴史小説は、作者がまるで見てきたかのような創作をするが、それは全部作りごとなのでだまされてはいけない。

イ　科学はありのままに観察しようとしても見えない真実を探るものなので、科学上の発見はすべて想像から始まっている。

ウ　ガリレオの地動説は、「真実でなく、人々をまどわすうそだ」と判断されたので、弾圧されても仕方がなかった。

エ　日本人は、うそはよくないという考えや常識にとらわれすぎて、自由に想像する心がとぼしいために大発見も少ない。

二　次の文章を読んで、後の問いに答えなさい。

中学生の太二《たいじ》が所属しているテニス部では、一年生部員が昼休みに全員で「グーパーじゃんけん」をして、少なかった方がコート整備をするという慣例があった。ある日、末永が集合に遅れた。末永は手を抜くことが多く、他の部員に迷惑をかけるときもあった。すると、武藤がこっそり周りと示し合わせて、末永一人が負けになるように仕向けた。このような行為は部で禁じられていたが、とっさのことに太二はそのたくらみに加わってしまった。

父の麻婆《マーボー》豆腐でおなかはいっぱいになったものの、グーパーじゃんけんをおわらせるアイディアはおもいつかなかった。テニス部の連絡網はわたされていたので、いっそのこと中田さんに話してしまおうと、ぼくは携帯電話を開いた。

しかし、キャプテンに直談判《じかだんぱん》して当番制にかえてもらったとしても、それなら誰がチクったのだろうと、一年生部員のあいだに不信感が生まれてしまう。やはり自分たちで解決するしかないと覚悟を決めて携帯電話を閉じたが、どうすればいいのかはわからなかった。

「神様、雨を降らせて、明日の朝練を中止にしてください」

寝るまえに三度も祈ったのに、いつもと同じ午前六時に目覚まし時計に起こされて雨戸を開けると、空はよく晴れていた。一階では母が朝ごはんのしたくをしていて、父は母が帰ってくるまえに仕事に行ったという。

「学校でなにかあったの？　おとうさんがメールをくれて、太二のことを心配していたから、おかあさん早引けしてきたのよ」

夜勤のときは午前八時で交替だったとおもいだし、ぼくは母にあやまった。

「心配させてごめん。でも、なんでもないんだ。おかあさんは、きょうは休み？」

「夜勤あけだから、あさっての朝まで家にいるわよ」

「そうなんだ」と答えながら、今夜は父と母がそろっているのだとおもうと、①やるだけのことはやってやろうと気合いがはいった。母がつくってくれたベーコンエッグとトーストの朝ごはんを食べて、ぼくはラケットを背負い、かけ足で学校にむかった。

朝練では、一年生対二年生の対抗戦をする。シングルマッチで一ゲームを取ったほうの勝ち。四面のコートに分かれて、合計二十四試合をして、白星の多い学年はそのままコートで練習をつづける。負けた学年は球拾いと声だしにまわる。

力試しにはもってこいだが、二年生との実力差は大きくて、これまで一年生が勝ち越したことはなかった。武藤や末永でも三回に一回勝てるかどうかで、久保は一度も勝ったことがない。ぼくは勝率五割をキープしていたが、団体戦に出場するレギュラークラスには歯が立たなかった。ただし、一度だけ中田さんから※金星をあげたことがある。※ベースラインでの打ちあいに持ちこんで、ねばりにねばって長いラリーをものにした。誰が相手であれ、きのうからのモヤモヤを吹き払うためにも、ぼくはどうしても勝ちたかった。

ところが、やる気とは裏腹に、ぼくは一ポイントも取れずに負けてしまった。武藤や末永もサーブがまるで決まらず、※ダブルフォールトを連発して自滅。久保も、ほかの一年生たちも、手も足も出ないまま二年生にうち負かされて、これまでにない早さで勝負がついた。

「どうした一年。だらしがねえぞ」

キャプテンの中田さんに命じられて、ぼくたちはグラウンドを走らされた。いつも先頭をきっているので、みんなの姿を見ずに走るのはなれていたが、今日だけは武藤や末永や久保がどんな顔でついてきているのか、気になってしかたがなかった。

誰もが、きのう末永をハメたことを後悔しているのだ。足を止めて、一年生全員で話しあいをして、昼休みのコート整備を当番制にかえてもらうようにキャプテンに頼もうと言いたかったが、おもいきれないまま、ぼくはグラウンドを走りつづけた。

「よし、ラスト一周。ダッシュでまわってこい」

中田さんの声を合図に全力(ア)シッソウとなり、ぼくは最後まで先頭を守った。

「ボールはかたづけておいたからな。昼休みのコート整備はちゃんとやれよ」

八時二十分をすぎていたので、ネットのむこうは登校する生徒たちでいっぱいだった。武藤に、まちがっても今日はやるなよと(a)釘を刺しておきたかったが、息が切れて、とても口をきくどころではなかった。

ラケットを持って四階まで階段をのぼりながら、ぼくは武藤と話さなくてよかったとおもった。ぼくが武藤を呼びとめていたら、ほかの一年生はぼくたちがなにを話しているのかと、気になってしかたがなかったにちがいない。武藤ではなく、久保か末永を呼びとめていても同じ不安が広がっていたはずだ。冷静に考えれば、きのうのことは一度きりの悪だくみとしておわらせるしかないわけだが、疑いだせばきりがないのも事実だった。

もしかすると、みんなは今日も末永をハメようとしていて、自分だけがそれを知らされていないのかもしれない。もしかすると、きのうのしかえしに、末永がなにかしかけようとしているのかもしれない。もしかすると、二、三人の仲の良い者どうしでもうしあわせて、たとえ負けてもひとりにはならないように安全策をこうじているのかもしれない。

ウラでうちあわせ可能な手口がつぎつぎ頭にうかび、これはおもっている以上に(イ)厄介だと、ぼくは頭を悩ませた。

やはりキャプテンの中田さんに助けてもらうしかない。そうおもったが、それをおもいとどまったのは、きのうから今日にかけて、一番きついおもいをしているのは末永だと気づいたからだ。末永以外の一年生部員二十三人は、自分が(ウ)カタンした悪だくみのツケとして不安におちいっているにすぎない。それに対して末永は、今日もまたハメられるかもしれないという恐れをかかえながら朝練に出てきたのだ。

最終的に中田さんに頼むとしても、まずはみんなで末永にあやまり、そのうえで相談するのがⓑ筋だろう。

そう結論したのは、三時間目のおわりぎわだった。おかげで授業はまるで頭にはいっていなかったが、ぼくはようやく自分のするべきことがわかった気がした。そこでチャイムが鳴り、トイレに行こうと廊下に出ると、武藤が顔をうつむかせてこっちに歩いてくる。

「よお」

「おっ、おお」

武藤はおどろき、気弱げな笑顔をうかべた。そんな姿は見たことがなかったので、もしかすると自分から顧問の浅井先生かキャプテンの中田さんにうちあけたのではないかと、ぼくはおもった。たっぷり怒られるだろうが、それでケリがつくならかまわなかった。

それなら、昼休みには浅井先生か中田さんがテニスコートに来るはずだ。

給食の時間がおわり、ぼくはテニスコートにむかった。しかし集まったのは一年生だけだった。ぼくは落胆するのと同時に②自分の甘さに腹が立った。

いつものように二十四人で輪をつくったが、誰の顔も緊張で青ざめている。末永にいたっては、歯をくいしばりすぎて、こめかみとあごがぴくぴく動いていた。いまさらながら、ぼくは末永に悪いことをしたと反省した。

しかしこんな状況で、きのうはハメて悪かったと末永にあやまったら、どんな展開になるかわからない。武藤をはじめとするみんなからは、よけいなことを言いやがってとうらまれて、末永だって怒りのやり場にこまるだろう。

だから、一番いいのは、このままふつうにグーパーじゃんけんをすることだった。うまく分かれてくれればいいが、偶然、グーかパーがひとりになる可能性だってある。ハメるつもりがないのに、末永がまたひとりになってしまったら、事態はこじれて㋓シュウシュウがつかなくなる。

みんなは青ざめた顔のまま、じゃんけんをしようとしていた。どうか、グーとパーが均等に分かれてほしい。

こぶしを顔の横に持ってきたとき、ぼくの頭に父の姿がうかんだ。一緒にテニススクールに通っていたころ、父は試合で会心のショットを決めると、応援しているぼくたちにむかってポーズをとった。ぼくや母も、同じポーズで父にこたえた。

「グーパー、じゃん」

かけ声にあわせて手をふりおろしたぼくはチョキをだしていた。本当はVサインのつもりだったが、この状況ではどうしたってチョキにしか見えない。ぼく以外はパーが十五人でグーが八人。末永はパーで、武藤と久保はグーをだしていた。

ぼくが顔をあげると、むかいにいた久保と目があった。

「③太二、わかったよ。おれもチョキにするわ」

久保はそう言ってグーからチョキにかえると、とがらせた口から息を吐いた。

「なあ、武藤。グーパーはもうやめよう」

久保に言われて、武藤はくちびるを隠すように口をむすび、すばやくうなずいた。そして、武藤は握っていたこぶしから人差し指と中指を伸ばすと、ぼくにむかってその手を突きだした。

武藤からのVサインをうけて、ぼくは末永にVサインを送った。末永は自分の手のひらを見つめながらパーをチョキにかえて、輪のなかにさしだした。

「明日からのコート整備をどうするかは、放課後の練習のあとで決めよう。時間もないし、今日はチョキがブラシをかけるよ」

そう言って、ぼくが道具小屋にはいると、何人かの足音がつづいた。ふりかえると、久保と武藤と末永のあとにも四人がついてきて、ぼくは八本あるブラシを一本ずつ手わたした。

コート整備をするあいだ、誰も口をきかなかった。ぼくの横には久保がいて、ブラシとブラシが離れないように歩幅をあわせて歩いていると、きのうからのわだかまりが消えていく気がした。

となりのコートでは武藤と末永が並び、長身の二人は大股でブラシを引いていく。コートの端までくると、内側の武藤が歩幅を狭くしてきれいな㋔コを描き、直線にもどれば二人ともがまた大股になってブラシを引いていく。

きっと、ぼくたちはこれまでよりも強くなるだろう。チーム全体としても、もっともっと強くなれるはずだ。

ぼくはいつか、テニス部のみんなに、父がつくった豆腐を食べさせてやりたいとおもった。さらに、このコートで家族四人でテニスをしたいとおもい、押入れにしまってある四本のラケットのことを考えた。ぼくはブラシを引きながら、胸のなかで父と母と姉にむかってVサインを送った。

(佐川光晴『四本のラケット』より)

※金星……予測されなかったお手柄。
※ベースライン……コートの境界線。
※ダブルフォールト……テニスなどで、サーブに連続二回失敗すること。サーバーの失点となる。

国語 9

問一　═══線㋐～㋔の漢字は平仮名に、カタカナは漢字に直しなさい。

問二　～～～線ⓐ・ⓑの意味として最も適切なものを下のア～エの中からそれぞれ選び、記号で答えなさい。

ⓐ　釘を刺して

ア　問題を起こす者を、厳しく非難して
イ　問題を起こす者の動きを止めて
ウ　問題が生じないよう、相手に念を押して
エ　問題が生じないよう、注意を払って

ⓑ　筋

ア　最善の方法
イ　物事の道理
ウ　大きな賭《か》け
エ　考えた結果

問三　――線①「やるだけのことはやってやろうと気合いがはいった」とありますが、それはどういうことですか。最も適切なものを次のア～エの中から一つ選び、記号で答えなさい。

ア　父と母に心配をかけてしまったので、今夜は顔に出さないように気をつけようと心に決めた。
イ　策はまだ見つからないが、今日こそ「グーパーじゃんけん」を解決させたいと気持ちを込めた。
ウ　今日の練習でも二年生との対抗戦が行われるので、次こそは勝ちたいと自らを奮い立たせた。
エ　コート整備をまぬがれるため、今日も「グーパーじゃんけん」に絶対勝ってやろうと意気込んだ。

問四　――線②「自分の甘さ」とありますが、それは太二のどのような考えのことか、六十字以内で書きなさい。

問五　――線③「太二、わかったよ」とありますが、「久保」は何が「わかった」のか、三十字以内で書きなさい。

問六　この文章の表現に関する説明として最も適切なものを、次のア～エの中から一つ選び、記号で答えなさい。

ア　テニス部で起きた出来事が「ぼく」の視点で描かれており、いろいろ悩みながらも結局は一人で空回りしてしまう展開が、滑稽に表現されている。

イ　互いに気遣い、テニスでつながっている「ぼく」の家族の絆《きずな》と、互いの気持ちがつかめず、ぎくしゃくしているテニス部の仲間同士の関係が、対照的に描かれている。

ウ　対抗戦で太二たち一年生が二年生に負かされる場面は、「グーパーじゃんけん」の結末が、太二の思いに反して悪いものになっていくことを予感させる。

エ　最終場面で太二と久保、武藤と末永が並んでブラシをかける様子は、一度すれ違いかけた気持ちが再び通い合うようになったことを暗示している。

三　次の文章を読んで、後の問いに答えなさい。（作問の都合上、原文の一部を変更しています。）

あるとき、狐、餌食《えじき》を求めかねて、ここかしこ《あちこち》さまよふところに、烏《からす》、※肉《ししむら》をくはへて木の上に居《を》れり《とまっていた》。狐、心にⓐ思ふやう、我この肉を取らまほしくおぼえて《横取りしたいと思われて》、烏の居《ゐ》ける《とまっていた》木のもとに(ⅰ)立ち寄り、「いかに御辺《ごへん》《もしもしおまえさま》、御身《おんみ》は《あなたは》ⓑよろづの鳥の中にすぐれてうつくしく見えさせおはします《お見えでいらっしゃる》。しかり《そうであろ》といへども、少しこと足り給《たま》はぬこととては《不十分でいらっしゃる点としては》、御声の鼻声にこそ侍《はべ》れ《お声が鼻声でございます》。ただし《もっとも》、このほど世上《せじょう》に申せしは《このごろ世間で申し上げていたことには》、御声もことのほかよくわたらせ給ふ《すばらしくていらっしゃる》など申してこそ候《さぶら》へ《申しております》。あはれ一節《ひとふし》聞かまほしうこそ侍れ《ああぜひ一声聞きとうございます》。」と(ⅱ)申しければ、①この儀をげにとや心得て《このことを本当かと思いこんで》、「②さらば声を出ださん。」とて、口をはたけるひまに《開けたとたんに》、つひに肉を(ⅲ)落としぬ《落としてしまった》。これを取つて逃げ去りぬ。

（『伊曽保物語』より）

※肉《ししむら》……肉のかたまり。

問一　═══線ⓐ・ⓑの読みを現代仮名遣いで答えなさい。

問二　━━━線(ⅰ)～(ⅲ)の主語は次のア・イのどちらですか。それぞれ選び、記号で答えなさい。

ア　狐　　　イ　烏

問三　───線①「この儀」とありますが、具体的にどのようなことですか。二十字以内で答えなさい。

問四　───線②「さらば声を出ださん」とありますが、その訳として最も適切なものを次のア～エの中から一つ選び、記号で答えなさい。

ア　だから声を出さないのだ。
イ　それでは声を出すまい。
ウ　それならば声を出そう。
エ　ところで声を出せるか。

問五　この話の教訓として最も適切なものを次のア～エの中から一つ選び、記号で答えなさい。

ア　自分にとって心地良い言葉に惑わされず、その意図をよく考えるべきだ。
イ　自分の欠点を指摘する言葉に腹を立てず、真摯《し》に受け止めるべきだ。
ウ　自分に都合のよい言葉を鵜《う》呑《の》みにせず、周囲に与える影響を考えるべきだ。
エ　自分を評価してくれる相手の言葉を疑うことなく、素直に喜ぶべきだ。

令 和 4 年 度

宮崎第一高等学校入学者選抜学力検査問題

（1月26日　第2時限　9時55分～10時40分）

社　　　会

（普通科・国際マルチメディア科・電気科）

（注　　　　意）

1．「始め」の合図があるまで、このページ以外のところを見てはいけません。
2．問題用紙は、表紙を除いて11ページで、問題は6題です。
3．「始め」の合図があったら、まず解答用紙に出身中学校名、受験番号と氏名を記入し、次に問題用紙のページ数を調べて、抜けているページがあれば申し出てください。
4．答えは、必ず解答用紙に記入してください。
5．印刷がはっきりしなくて読めないときは、静かに手をあげてください。問題内容や答案作成上の質問は認めません。
6．「やめ」の合図があったら、すぐ筆記用具をおき、問題用紙と解答用紙を別にし、裏返しにして、机の上においてください。

問題用紙は持ち帰ってかまいません。

社 会 1

1 次の中国・四国地方の地図を見て、あとの問いに答えなさい。

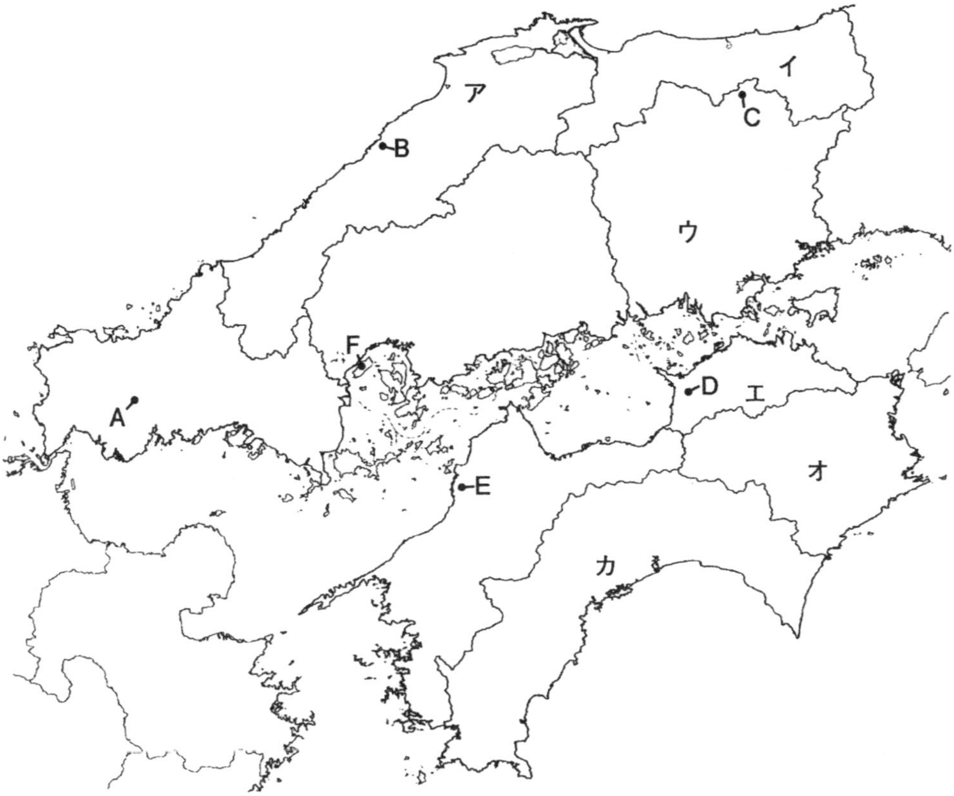

(1) 地図中**ア**～**カ**の県名を答えなさい。(漢字で答えること)

(2) 地図中**エ**と**カ**の県で、県の代表的な食となるものを次の①～⑤からそれぞれ一つ選び、記号で答えなさい。

① 餃子　② ラーメン　③ うどん　④ かつおのたたき　⑤ カキフライ

(3) 世界遺産に指定されている厳島神社と石見銀山の位置を地図上**A**～**F**からそれぞれ一つ選び、記号で答えなさい。

(4) 本州と四国を結ぶルート（自動車道）はいくつあるか。次の①～⑤から一つ選び、記号で答えなさい。

① 1　② 2　③ 3　④ 4　⑤ 5

(5) 瀬戸内海では、江戸時代に入浜式塩田（遠浅の砂浜に海水を引き入れて蒸発させ、濃い塩水にしてから塩を作る）による製塩業が盛んであった。この製塩業に適する瀬戸内海の自然環境を２つ挙げて説明しなさい。

2　次の日本周辺の地図を見て、あとの問いに答えなさい。

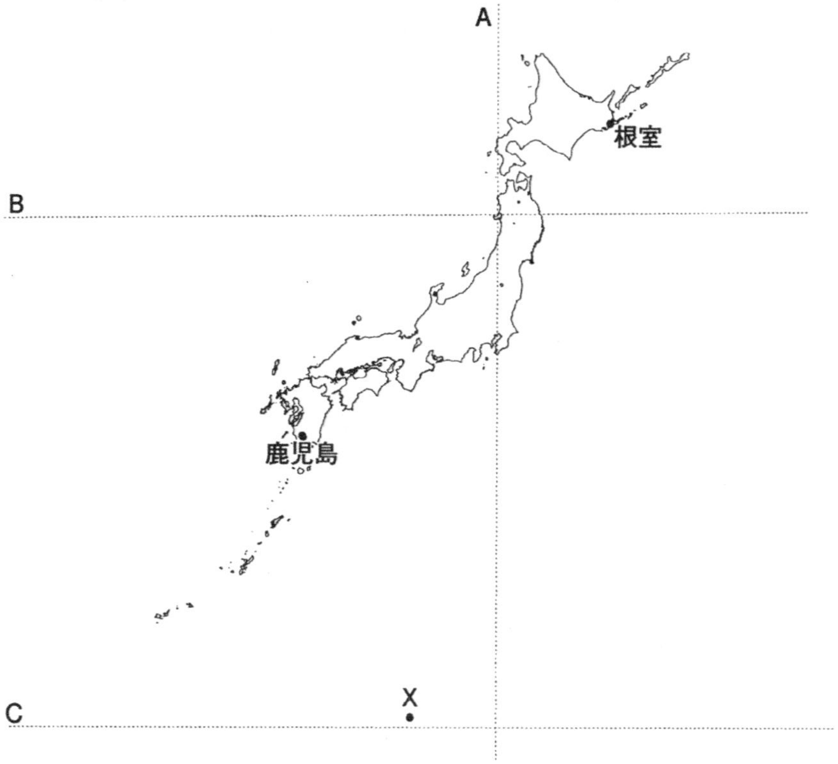

⑴　北海道の根室から九州の鹿児島までの距離はどのくらいか、次の①～⑤から一つ選び、記号で答えなさい。

①　約1000㎞　②　約2000㎞　③　約3000㎞　④　約4000㎞　⑤　約5000㎞

⑵　図中の経線**A**として正しいものを、次の①～④から一つ選び、記号で答えなさい。

①　東経120度　②　東経130度　③　東経140度　④　東経150度

⑶　図中の緯線**B**および**C**として正しいものを、次の①～⑤からそれぞれ一つ選び、記号で答えなさい。

①　北緯10度　②　北緯20度　③　北緯30度　④　北緯40度　⑤　北緯50度

⑷　地図中**X**にある日本の南端の沖ノ鳥島は、満潮時に１mほどの岩が水面に顔を出すだけとなり、台風で崩れることで日本の領土から消えてしまう可能性があった。それによって島を中心とする半径約370㎞の排他的経済水域のほとんどを失うため、2005年に大規模な護岸工事を行った。島の消失によって失われる可能性のあった排他的経済水域の広さに最も近いものを、次の①～④から一つ選び、記号で答えなさい。

①　北海道の面積　②　本州の面積　③　本州と北海道を足した面積　④　日本の全領土の面積

3　次の西アジアを中心とする地図を見て、あとの問いに答えなさい。

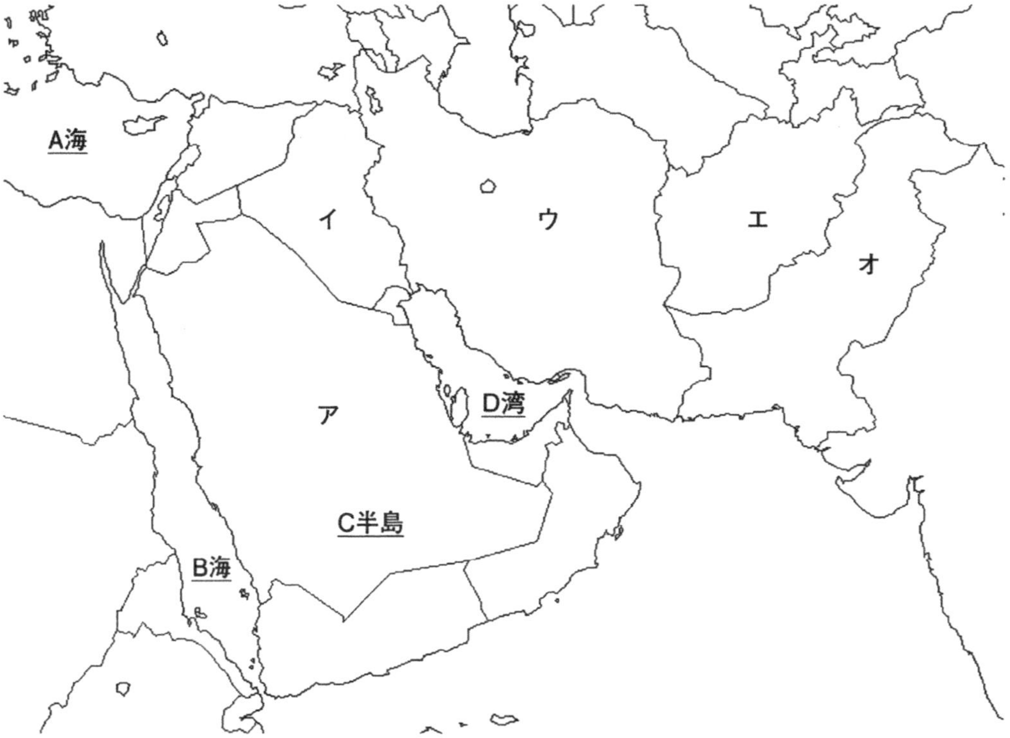

(1)　地図中ア～オの国名を、国の説明文を参考に、文のあとの①～⑤からそれぞれ一つ選び、記号で答えなさい。

アの国は、アメリカと友好関係を結ぶ産油国で、日本の石油輸入先の第1位である。

イの国は、2003年のフセイン独裁政権の崩壊後、アメリカ軍が2011年まで駐留し、不安定ながら共和制民主国家を維持している。

ウの国は、1979年の革命によって王国から共和国となった。核兵器の開発などをめぐって特にアメリカとの緊張関係が続いている。

エの国は、2001年の同時テロ以降アメリカ軍が駐留し、民主主義政権の樹立を模索していたが、2021年8月にアメリカ軍は撤退した。

オの国は、1947年にイギリスから独立した。隣国のインドとの間でカシミールの領土問題をめぐって緊張状態が続いている。

①　イラク　②　イラン　③　サウジアラビア　④　パキスタン　⑤　アフガニスタン

(2)　地図中A～Dの地形の名称を①～④からそれぞれ一つ選び、記号で答えなさい。

①　地中　②　ペルシャ　③　紅　④　アラビア

(3)　西アジアで最も多くの人々が信仰している宗教を答えなさい。

(4) 地図中**エ**の国では2021年８月に武力組織により首都を制圧された。武力組織の名称を次の①～④から一つ選び、記号で答えなさい。

① アルカイダ　② タリバン　③ ハマス　④ モサド

(5) 西アジアの気候について説明した文として、正しいものを次の①～④から一つ選び、記号で答えなさい。

① ほとんどの地域は年中乾燥して、砂漠になっているか、ステップといわれる草原が広がっている。
② モンスーンの影響で、冬は乾燥するが、夏の降水量は多い。
③ 年間を通して降水があり、温暖な気候である。
④ 寒冷な気候で、特に冬の冷え込みが厳しい。

4　次の史料を読み、あとの問いに答えなさい。

A

一　日本は神国であるから、キリスト教国が邪教（キリスト教）を伝え広めるのは、けしからぬことである。
一　バテレンを日本に置いておくことはできない。今日から２０日以内に準備して帰国するように。

B

寛仁２年１０月１６日
今日は威子を皇后に立てる日である。…太閤が私を呼んでこう言った。「和歌をよもうと思う。ほこらしげな歌ではあるが、あらかじめ準備していたものではない。」
この世をばわが世とぞ思う　望月の欠けたることも無しと思えば

C

天平１５年５月２７日　次のような詔が出された。
養老７年の規定では、墾田は期限が終われば、ほかの土地と同様に国に収められることになっている。しかし、このために農民は意欲を失い、せっかく土地を開墾しても、またあれてしまう。今後は私有することを認め、期限を設けることなく永久に国に収めなくてもよい。

D

…南に進むと邪馬台国に着く。ここは女王が都を置いている所である。…倭にはもともと男の王がいたが、その後国内が乱れたので一人の女子を王とした。名を卑弥呼といい、成人しているが、夫はおらず、一人の弟が国政を補佐している。…卑弥呼が死んだとき、直径が１００歩余りもある大きな墓を造った。

E

一　学問と武芸にひたすら精を出すようにしなさい。
一　諸国の城は、修理する場合であっても、必ず幕府に申し出ること。新しい城を造ることは厳しく禁止する。
一　幕府の許可なく、結婚をしてはならない。

F

みなの者、よく聞きなさい。これが最後の言葉です。頼朝公が朝廷の敵をたおし、幕府を開いてからは、官職といい、土地といい、みながいただいた恩は山より高く、海より深いものです。みながそれに報いたいという志はきっと浅くないはずです。名誉を大事にする者は、ただちに逆臣をうち取り、幕府を守りなさい。

(1)　史料Aはバテレン追放令であるが、この法令を出した人物を次の①～④から一つ選び、記号で答えなさい。

①

②

③

④

(2) 史料Aのバテレン追放令が出された理由について述べた次の文①～④のうち、もっとも正しいものを一つ選び、記号で答えなさい。

① キリスト教の布教とアメリカの軍事力が結び付き、日本を侵略しようとしていたから。
② 南蛮貿易を禁止したため、貿易商人たちとともに帰国をさせるため。
③ 長崎の領地がイエズス会に寄進されていることを知り、それを危険視したため。
④ 長崎の出島にオランダ商館を移し、そこに限って布教を許可するため。

(3) 史料Bは藤原道長に関する史料であるが、この人物が行った政治としてもっとも正しいものを次の①～④から一つ選び、記号で答えなさい。

① 自分の子孫に位をゆずって上皇となり、その後も上皇が中心となって政治を行った。
② 将軍の力を弱めて執権という地位に就き、代々その地位を独占して政治を行った。
③ 幼い天皇のかわりに政治を行う関白や、成長した天皇を補佐する摂政という職について政治の実権をにぎった。
④ 幼い天皇のかわりに政治を行う摂政や、成長した天皇を補佐する関白という職について政治の実権をにぎった。

(4) 史料Bの藤原道長の時代について、この頃の文化を表すものとして正しいものを、次の①～④から一つ選び、記号で答えなさい。

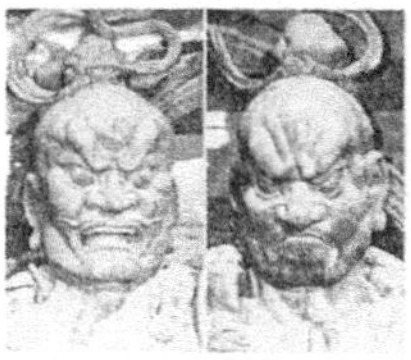
①

②

③

④

(5) 史料Cの法令名を答えなさい。

(6) 史料Cの文中の「養老7年の規定」とは何のことか、もっとも適切なものを次の①～④から一つ選び、記号で答えなさい。

① 百万町歩の開墾計画　② 荘園整理令
③ 三世一身法　④ 大宝律令

(7) 史料Dについて、この史料の名前を答えなさい。

(8)　史料Dについて、史料の中の「邪馬台国」と「卑弥呼」について述べた次の文①～④のうち正しいものを一つ選び、記号で答えなさい。

① 邪馬台国のあった場所については、東北説と九州説がある。
② 邪馬台国のあった場所については、奈良盆地説（近畿説）がある。
③ 卑弥呼は強大な武力を用いて３０ほどの国をまとめていた。
④ 卑弥呼は中国に朝貢して「漢委奴国王」の称号を授けられた。

(9)　史料Eは徳川家康の命令で作られたものであるが、この法令名を答えなさい。

(10)　史料Eが出された頃に起きた出来事として、適切なものを次の①～④から一つ選び、記号で答えなさい。

① 桶狭間の戦い　　③ 関ヶ原の戦い
② 大阪の陣　　④ 応仁の乱

(11)　史料Fの訴えをした人物を下の系図から選び答えなさい。

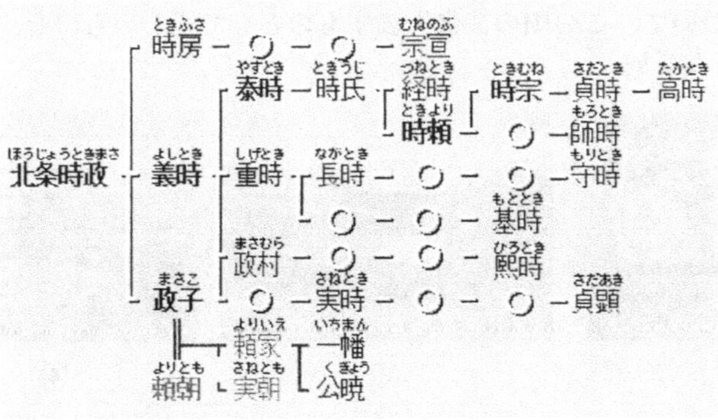

(12)　史料Fと関係の深い人物を次の①～④から一つ選び記号で答えなさい。

① 白河上皇　　② 鳥羽上皇
③ 崇徳上皇　　④ 後鳥羽上皇

(13)　史料Fが訴えている内容として正しいものを次の①～④から一つ選び、記号で答えなさい。

① 郡司や民衆が、国司の暴政を朝廷に訴えている。
② 朝廷から官位をいただいたので、朝廷に協力するように訴えている。
③ 朝廷を倒して幕府を守るために、御家人の結束を訴えている。
④ 元寇で一生懸命戦った御家人たちが、恩賞を増やすよう幕府に訴えている。

(14)　史料Ａ～Ｆを古い順に並べ替えなさい。

5　次の人物の写真を見て、あとの問いに答えなさい。

A

B

C

D

E

F

(1)　Aの人物は、アメリカ海軍初の蒸気軍艦の艦長となり、「蒸気船海軍の父」とよばれましたが、彼の名前を答えなさい。

(2)　Aの人物が１８５３年に浦賀に来航してから、鎖国をしていた日本は開国へと動くことになったが、１８５８年に日本がアメリカと結んだ日米修好通商条約の内容として正しいものを次の①～④から一つ選び、記号で答えなさい。

①　下田･函館の両港を開き、アメリカは食料や石炭を調達するため入港することができる。
②　アメリカ人が日本で罪を犯した際には、日本の法律で裁くことができる。
③　日本に不利な不平等条約で、日本には関税自主権が無かった。
④　アメリカ人以外の外国人に対して許可したことは、アメリカ人にも同様に許可すること。

(3)　Bの人物は、土佐藩出身で１８６６年、薩摩藩と長州藩の薩長同盟の仲介をした人物として有名であるが、彼の名前を答えなさい。

(4)　Cの人物は土佐藩出身で、自由民権運動で活躍した人物であるが、彼の名前を答えなさい。

(5)　Dの人物は１８８９年の大日本帝国憲法の制定に力をつくした後、四度にわたって内閣総理大臣となりましたが、彼の名前を答えなさい。

(6)　Dの人物が制定に関わった大日本帝国憲法について、次の①～④の文から正しいものを１つ選び、記号で答えなさい。

①　国民が政治の最終決定をする国民主権が規定されていた。
②　選挙を行う衆議院と選挙を行わない参議院の二院制が規定されていた。
③　内閣総理大臣が軍隊を指揮するという統帥権が規定されていた。
④　天皇が定めるという形で制定された欽定憲法であった。

⑺　Ｅの人物は日露戦争の講和条約であるポーツマス条約（１９０５年）の締結に力をつくした人物として有名であるが、彼の名前を答えなさい。

⑻　Ｅの人物と関わる日露戦争について、下の絵画①～④のうち、日露戦争について描いているものを一つ選び、記号で答えなさい。

①

②

③

④

⑼　Ｆの人物は１９３２年の五・一五事件で暗殺された首相であるが、彼はおし入ってきた海軍の将校に「話せば分かる」と説得をしたといわれていますが、彼の名前として正しいものを次の①～④から一つ選び、記号で答えなさい。

①　原敬　　②　浜口雄幸　　③　犬養毅　　④　近衛文麿

⑽　Ｆの人物が暗殺された五・一五事件について、その後の影響について述べた次の①～④の文のうち正しいものを一つ選び、記号で答えなさい。

①　関東大震災が起き、昭和恐慌の影響もあって大不況となった。
②　満２５歳以上の男子に選挙権をあたえる普通選挙法が成立した。
③　第一次護憲運動が盛り上がり、民衆の力で藩閥の内閣が倒れる事態がおきた。
④　政党内閣の時代が終わり、軍人が首相になることが多くなった。

6　次の各問いに答えなさい。

⑴　次の日本国憲法の条文について、(　　)にあてはまる語句を下の語群から選び、答えなさい。
※　同じ記号には同じ語句が入ります。

第３条　天皇の国事に関するすべての行為には、（ Ａ ）の助言と承認を必要とし、（ Ａ ）が、その責任を負う。
第６条①　天皇は、（ Ｂ ）の指名に基づいて、内閣総理大臣を任命する。
②　天皇は、内閣の指名に基づいて、（ Ｃ ）を任命する。
第56条②　両議院の議事は、この憲法に特別の定のある場合を除いては、（ Ｄ ）議員の（ Ｅ ）でこれを決し、可否同数のときは、議長の決するところによる。
第59条②　衆議院で可決し、参議院でこれと異なった議決をした法律案は、衆議院で（ Ｄ ）議員の（ Ｆ ）以上の多数で再び可決したときは、法律となる。

語　群
１／３　２／３　１／４　３／４　過半数　総　出席　国会　国会議員
内閣　最高裁判所　最高裁判所の長たる裁判官

⑵　次の資料を見て、下の各問いに答えなさい。

【資料】衆議院議員総選挙における年代別投票率（抽出）の推移　（%）

年	H2	H5	H8	H12	H15	H17	H21	H24	H26	H29
回	39	40	41	42	43	44	45	46	47	48
10歳代										40.49
20歳代	57.76	47.46	36.42	38.35	35.62	46.20	49.45	37.89	32.58	33.85
30歳代	75.97	68.46	57.49	56.82	50.72	59.79	63.87	50.10	42.09	44.75
40歳代	81.44	74.48	65.46	68.13	64.72	71.94	72.63	59.38	49.98	53.52
50歳代	84.85	79.34	70.61	71.98	70.01	77.86	79.69	68.02	60.07	63.32
60歳代	87.21	83.38	77.25	79.23	77.89	83.08	84.15	74.93	68.28	72.04
70歳代以上	73.21	71.61	66.88	69.28	67.78	69.48	71.06	63.30	59.46	60.94
全体	73.31	67.26	59.65	62.49	59.86	67.51	69.28	59.32	52.66	53.68

※総務省の統計資料から引用
※この表のうち、年代別の投票率は、全国の投票区から、回ごとに144～188投票区を抽出し調査したものです。
※10歳代の投票率は、全数調査による数値です。

Ⅰ）　上の資料から日本の投票行動の問題点を１つあげ、簡潔に述べなさい。

Ⅱ）　自分が各政党の政策決定者だったらどのような対策を行いますか。次の３つのキーワードから１つ選び、30字以内で書きなさい。

【　地球環境問題　・　少子高齢化　・　災害の対応　】

Ⅲ）　昨年の衆議院議員総選挙について、最も適当なものを次の①～④から一つ選び、記号で答えなさい。

①　全国１ブロックの、比例代表制を導入している。
②　１票の格差を埋めるために、人口の少ない都道府県を合区としている選挙区がある。
③　小選挙区では、１つの選挙区から複数当選することがある。
④　小選挙区で当選しなくても、比例代表で復活当選することがある。

Ⅳ）　臨時国会の内容として最も適当なものを次の①～④から一つ選び、記号で答えなさい。

①　毎年1回、1月中に開かれる国会。
②　内閣または衆参いずれかの議院の総議員の4分の１以上の要求があった場合、衆議院議員の任期満了による総選挙、参議院議員の通常選挙後に開かれる国会。
③　衆議院解散後の総選挙から30日以内に開かれる国会。
④　衆議院の解散中に緊急の必要がある場合に開かれる国会。

Ⅴ）　国会議員は、国民の代表を務めるという重要な役割を果たすために、自由な活動を保障されています。国会議員の権利について、最も適当なものを次の①～④のうちから一つ選び、記号で答えなさい。

①　国会議員は、国会の会期中は例外なく逮捕されることはない。
②　国会議員は、議院で行った演説・討論・表決について、国会の外で、その責任を問われない。
③　国会議員に、国から給料を支払うことは行われていない。
④　国会議員を除名するためには、弾劾裁判所の裁判が必要となる。

Ⅵ）　次の**Ａ**～**Ｅ**は、法律ができる過程についての記述である。これらを順に並べたとき、**３番目**にくるものを、下の①～⑤のうちから一つ選び、記号で答えなさい。

Ａ　内閣が署名する。
Ｂ　天皇が公布する。
Ｃ　法律案を委員会で審議する。
Ｄ　法律案を本会議で採決する。
Ｅ　法律案を内閣か国会議員が作成し、国会に提出する。

①　**Ａ**　　②　**Ｂ**　　③　**Ｃ**　　④　**Ｄ**　　⑤　**Ｅ**

令和４年度

宮崎第一高等学校入学者選抜学力検査問題

（１月26日　第３時限　10時50分～11時35分）

数　　学

（普通科・国際マルチメディア科・電気科）

（注　　意）

１．「始め」の合図があるまで、このページ以外のところを見てはいけません。
２．問題用紙は、表紙を除いて５ページで、問題は５題です。
３．「始め」の合図があったら、まず解答用紙に出身中学校名、受験番号と氏名を記入し、次に問題用紙のページ数を調べて、抜けているページがあれば申し出てください。
４．答えは、必ず解答用紙に記入してください。
５．印刷がはっきりしなくて読めないときは、静かに手をあげてください。問題内容や答案作成上の質問は認めません。
６．「やめ」の合図があったら、すぐに筆記用具をおき、問題用紙と解答用紙を別にし、裏返しにして、机の上においてください。

問題用紙は持ち帰ってかまいません。

数　学　1

1　次の各問いに答えなさい。

(1)　2.5×4 を計算しなさい。

(2)　$2(a+3)-(4-3a)$ を計算しなさい。

(3)　$27x^2-3$ を因数分解しなさい。

(4)　$(\sqrt{2}-3)^2-13$ を計算しなさい。

(5)　連立方程式 $\begin{cases} 4x+5y=2 \\ 2x+y=4 \end{cases}$ を解きなさい。

2 次の各問いに答えなさい。

(1) 右の表は，A，Bの２人に７回実施したテストの結果である。
このとき，次の問いに答えなさい。

回	1	2	3	4	5	6	7	合計
A	5	3	5	7	6	7	9	42
B	4	6	5	7	6	5	5	38

(ア) Bの最頻値を求めなさい。

(イ) AとBの平均値と中央値を比較してみた。次の①から④の中で正しいものを番号で選びなさい。

① Aの方が平均値，中央値ともに小さい。
② Aの方が平均値が小さく，中央値は大きい。
③ Aの方が平均値が大きく，中央値は小さい。
④ Aの方が平均値，中央値ともに大きい。

(2) 「ある中学校で，希望者を募ってグループ研究を行いました。そこで希望者を４人または５人の班に分け，準備したパソコンを各班に１台ずつ渡すことにしました。しかし，４人で１台使うと３人残り，５人で１台使うと，４人で使うパソコンが１台と，パソコンが１台残ります。この研究に参加する人数を求めなさい。」という問題で，A君は参加者の人数をx人として，パソコンの台数について下のような表にまとめました。

(ア) 表の①に適する式を記入しなさい。

	パソコン１台につき ４人を割り当てる場合	パソコン１台につき ５人を割り当てる場合
準備したパソコンの台数	$\dfrac{\boxed{\text{①}}}{4}$	$\dfrac{x+1}{5}+1$

(イ) 参加する人数を求めなさい。

(3) 右の図で，△ABCはAB＝ACの二等辺三角形，点Dは辺BC上の点で，四角形AEDFは正方形である。
∠ABD＝65°，∠FDC＝50°のとき，xの値を求めなさい。

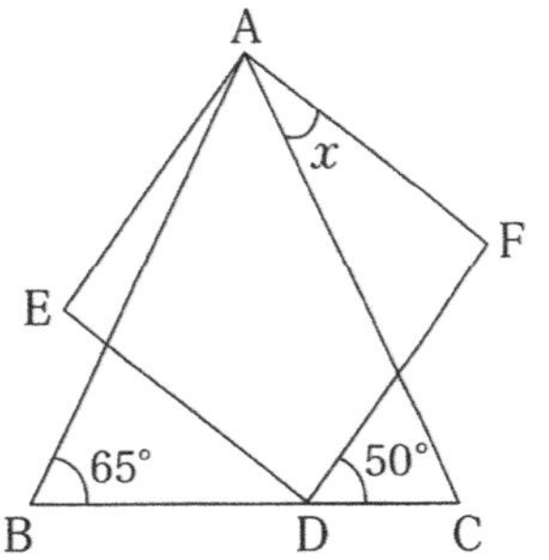

(4) $\sqrt{180-12n}$ が自然数となるような自然数nの値をすべて求めなさい。

数　学　3

3　右の図において，①は関数 $y=x^2$ のグラフである。

2点 A，B は放物線①上の点であり，その x 座標は，それぞれ -2，3 である。

このとき，次の問いに答えなさい。

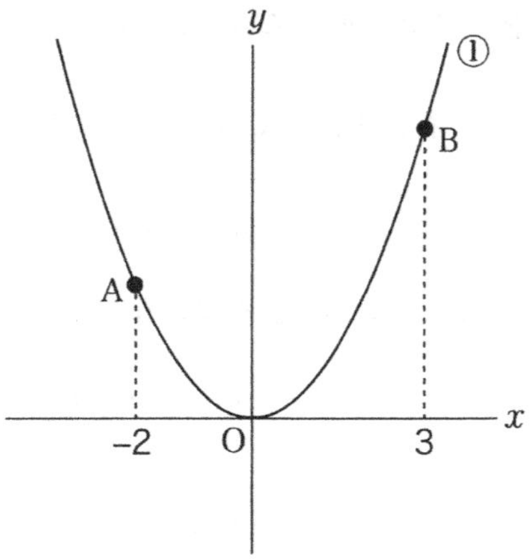

(1)　点 A，B の座標をそれぞれ求めなさい。

(2)　直線 AB の式を求めなさい。

(3)　△OAB の面積 S を求めなさい。

(4)　直線 OA に平行な直線 l と線分 AB，OB の交点をそれぞれ C，D とする。このとき，△BCD の面積が △OAB の面積 S を用いて $\frac{1}{4}$S と表された。直線 l の式を求めなさい。

4　右の１番目，２番目，３番目，……の数は，ある規則によって計算した結果を表したものである。

次の問いに答えなさい。

1番目	$1 \times 2 + 3 = 5$
2番目	$2 \times 3 + 4 = 10$
3番目	$3 \times 4 + 5 = 17$
4番目	$4 \times 5 + 6 = 26$
⋮	⋮

⑴　６番目の計算結果を求めなさい。

⑵　12番目の計算結果を求めなさい。

⑶　12番目の計算結果と11番目の計算結果の差を求めなさい。

⑷　n 番目の計算結果を n を用いて表しなさい。

⑸　計算結果が 577 になるのは何番目かを求めなさい。

5　太郎君はコンピュータを使って，三角形や四角形などの平面図形を回転させて立体を作った。例えば，次の図１のように長方形を直線 ℓ を軸として１回転させると円柱を作ることができる。

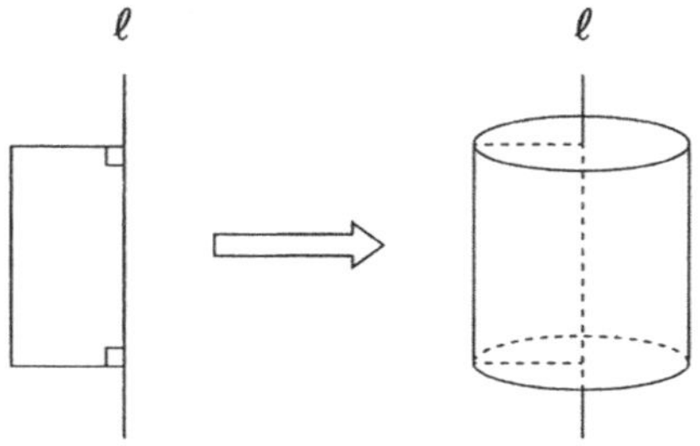

図1

⑴　太郎君は図２のような三角形を直線 ℓ を軸として１回転させて立体 X をコンピュータで作った。
　次の ㋐，㋑ の問いに答えなさい。

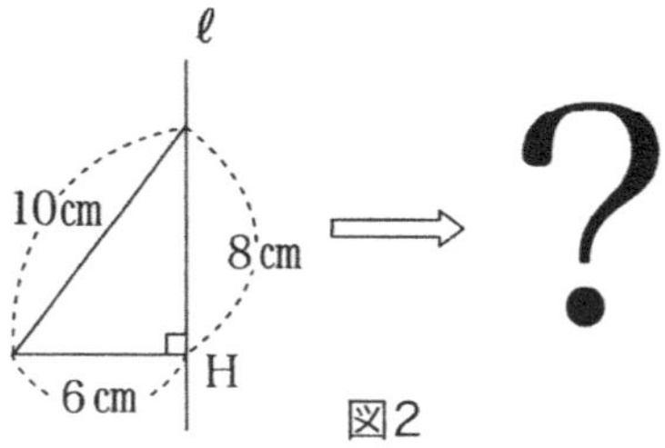

図2

㋐　太郎君が作った立体 X の名称を次の①～④から１つ選んで番号で答えなさい。

①三角柱　　②円柱　　③三角錐　　④円錐

㋑　立体 X の体積を求めなさい。

⑵　太郎君は ⑴ の立体 X の底面の円周上に頂点を持つ正方形を考えた。そして，その正方形を底面とし，すべての辺の長さが等しい四角錐 A−BCDE を図３のようにコンピュータで作った。頂点 A から底面の正方形に下ろした垂線を AH とするとき，次の ㋐，㋑ の問いに答えよ。

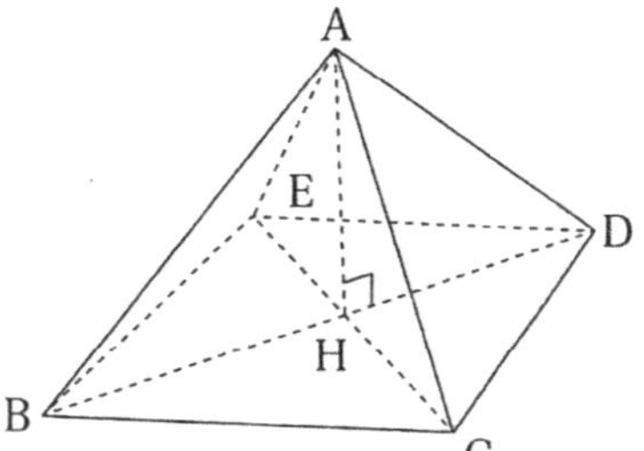

図3

㋐「正方形 BCDE の面積は △BCH の面積の４倍である」ことを用いて，辺 BC の長さを求めなさい。

㋑「△BHC と △AHB が合同である」ことを用いて正四角錐 A−BCDE の体積を求めなさい。

⑶　太郎君は ⑴ の立体 X から ⑵ の正四角錐 A−BCDE を切り取って新たな立体を作った。
　この立体の体積を求めなさい。

2022(R4) 宮崎第一高（普・国・電）
K 教英出版

令和４年度

宮崎第一高等学校入学者選抜学力検査問題

（１月26日　第４時限　12時15分～13時00分）

理　　科

（普通科・国際マルチメディア科・電気科）

（注　　意）

１．「始め」の合図があるまで，このページ以外のところを見てはいけません。
２．問題用紙は，表紙を除いて８ページで，問題は４題です。
３．「始め」の合図があったら，まず解答用紙に出身中学校名，受験番号と氏名を記入し，次に問題用紙のページ数を調べて，抜けているページがあれば申し出てください。
４．答えは，必ず解答用紙に記入してください。
５．印刷がはっきりしなくて読めないときは，静かに手をあげてください。問題内容や答案作成上の質問は認めません。
６．「やめ」の合図があったら，すぐ筆記用具をおき，問題用紙と解答用紙を別にし，裏返しにして，机の上においてください。

問題用紙は持ち帰ってもかまいません。

理　科　1

1　次の【Ⅰ】・【Ⅱ】の問いに答えなさい。

【Ⅰ】　次の文を読んで，あとの問いに答えなさい。

エンドウの種子には丸形としわ形がある。丸形にする遺伝子Ａは，しわ形にする遺伝子ａに対して顕性である。いま，親Ｘの遺伝子型をＡａとする。また，丸形の種子の親Ｙと親Ｚとがある。親Ｘと親Ｙを交配すると得られた種子は丸形としわ形が３：１になった。また，親Ｘと親Ｚを交配すると得られた種子は丸形のみであった。

⑴　エンドウのように雄と雌の生殖細胞が受精することによって子をつくる生殖を何というか答えなさい。また，次の語群から，この方法以外の生殖をする生物を１つ選んで答えなさい。

メダカ	ショウジョウバエ	ヒドラ	ウニ	カエル

⑵　エンドウは被子植物の双子葉類である。双子葉類は，さらに花弁がたがいにくっつく合弁花類と，花弁が１枚１枚離れている離弁花類に分けることができる。次の語群から，エンドウと同じ離弁花類に該当する植物を１つ選んで答えなさい。

ツツジ	セイヨウタンポポ	アブラナ	アサガオ	ヒマワリ

⑶　減数分裂によって対となっている遺伝子が分かれて別々の生殖細胞に入る。この法則を何というか答えなさい。

⑷　遺伝子の本体は何という物質か。**アルファベット３文字**で答えなさい。

⑸　文中に示された親Ｙの遺伝子型を答えなさい。

⑹　エンドウの個体の遺伝子型がＡａ：ａａ＝１：１で存在するとき，各個体をそれぞれ自家受精して次世代を得たとき，丸形としわ形はどんな分離比であらわれるか，全体を合わせた比として答えなさい。ただし，自家受精とは，同じ個体の生殖細胞間でおこる受精のことである。

⑺　２個体を交配したとき，丸の種子のみが生じる親遺伝子型の組み合わせを，Ａａ×ａａのようにすべて答えなさい。

【Ⅱ】 次の文を読んで,あとの問いに答えなさい。

ある被子植物において，顕性遺伝子Ｂおよび潜性遺伝子ｂが存在している。Ｂｂの個体どうしを交配したところ，子世代でＢＢ：Ｂｂ：ｂｂ＝１：２：１の比とならなかった。そこで，以下に示すような交配実験を行なって，雄の生殖細胞である精細胞，あるいは雌の生殖細胞である卵細胞を通して遺伝子が受精卵へどのように伝達されるかを調べた。

実験結果１　Ｂｂの個体にＢＢの個体の花粉を受粉させたところ，ＢＢとＢｂの子がいずれも１：１で生じた。すなわちＢｂの雌の生殖細胞である卵細胞はＢ：ｂ＝（あ）で次の代に伝えられたことを示している。

実験結果２　Ｂｂの個体の花粉をＢＢの個体に受粉させたところ，ＢＢとＢｂの子が，また，Ｂｂの個体の花粉をｂｂの個体に受粉したところ，Ｂｂとｂｂの子が，いずれも２：１に分離した。すなわち，Ｂｂの花粉側からは雄の生殖細胞である精細胞は，Ｂがｂより多い頻度のＢ：ｂ＝（い）で次の代に伝えられたことを示している。

(1)　上の文の（あ）・（い）に適する数値の比を答えなさい。

(2)　Ｂｂの個体にｂｂの花粉を受粉させたとき，次の代の遺伝子型と分離比を答えなさい。

(3)　Ｂｂどうしを交配させたときの次の代の遺伝子型とその分離比を答えなさい。

理　科　3

2　次の【Ⅰ】・【Ⅱ】の問いに答えなさい。

【Ⅰ】 次の文を読んで,あとの問いに答えなさい。

紗理奈さんは，テレビの番組を観てホットケーキを食べたくなり，市販のホットケーキミックスを買って来て，レシピ通りに作り始めた。(a)加熱したフライパンの中で，生地がプツプツと泡を立てながら次第に膨らんでいくのを見て，どうしてそうなるのかを疑問に思い，ホットケーキミックスの箱に書いてある成分表示を読んでみた。

成分表示の中にベーキングパウダーと書いてあり，インターネットで調べてみると，ベーキングパウダーの主成分は(b)炭酸水素ナトリウムだとわかり，紗理奈さんは理科の授業で学んだことを思い出した。

(1) 下線部(a)で見られた泡に含まれる，生地を膨らませた気体は何か。**化学式**で答えなさい。

(2) 下線部(b)の物質を試験管に入れて加熱したときにおこる変化について，次の文中の（①）～（③）に当てはまるものはどれか。①は**ア**～**エ**の中から，②と③は**ア**～**ウ**の中からそれぞれ1つずつ選び，記号で答えなさい。

この化学反応でおこる変化は，（①）であり，反応によって生成した物質は，固体と気体と液体の３つであった。この固体は，（②）であると考えられる。また，発生した気体を石灰水の中に通すと，（③）く濁った。

①	ア　中和	イ　酸化	ウ　還元	エ　分解
②	ア　塩化ナトリウム	イ　炭酸ナトリウム	ウ　硫酸ナトリウム	
③	ア　赤	イ　黄	ウ　白	

(3) この実験で生成した無色の液体に，塩化コバルト紙をつけてみると，（④）色から（⑤）色に変化した。（④）・（⑤）に当てはまる色を，次の**ア**～**オ**からそれぞれ1つずつ選び，記号で答えなさい。

ア　赤	イ　白	ウ　青	エ　緑	オ　黄

(4) この実験で生成した固体を水に溶かした水溶液**A**と，炭酸水素ナトリウムを溶かした水溶液**B**のそれぞれに，フェノールフタレイン溶液を加えたときの違いを，「（**A**あるいは**B**）の水溶液の方が，～色が濃い」の表現で答えなさい。

【Ⅱ】 次の文を読んで，あとの問いに答えなさい。

化学反応と質量の変化を調べる目的で，次の二つの実験を行なった。

実験１　**図１**のように，うすい塩酸30cm^3を入れたビーカーの質量をはかった。次に，**図２**のように，このビーカーにマグネシウムを0.24g加えて，よくかき混ぜて気体を発生させた。気体の発生が止まった後に，再びビーカーの質量をはかった。

図１

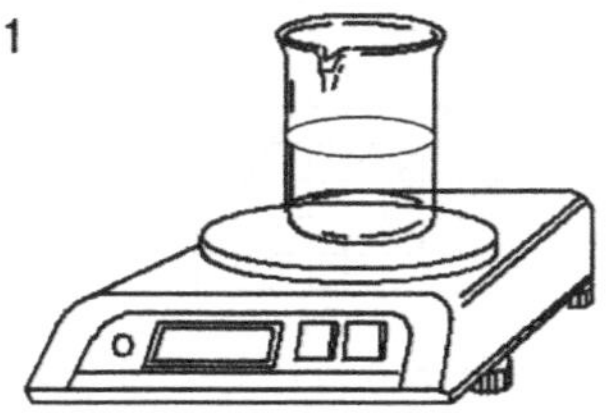

図２

実験２　**実験１**で用いたものと質量の同じビーカーを３個用意し，**実験１**で用いたうすい塩酸を30cm^3ずつ入れ，さらにマグネシウム0.48g，0.72g，0.96g，1.20gを加えて反応させ，反応後の全体の質量をはかった。下の**表１**に，**実験１**と**実験２**の質量測定の結果をまとめた。

表１

マグネシウムの質量(g)	0.24	0.48	0.72	0.96	1.20
反応前の全体の質量(g)	62.24	62.48	62.72	62.96	63.20
反応後の全体の質量(g)	62.22	62.44	62.66	62.89	63.13

(1)　次の文は，この実験で発生した気体についてまとめたものである。文中の（①）～（③）に当てはまるものはどれか。①と②は**ア**・**イ**の中から，③は**ア**～**ウ**の中からそれぞれ１つずつ選び，記号で答えなさい。

　この気体は，無色・無臭であり，気体の中で最も密度が（①）。また，水に（②）ので，（③）置換法で集める。

①	**ア**	大きい	**イ**	小さい		
②	**ア**	とけやすい	**イ**	とけにくい		
③	**ア**	上方	**イ**	下方	**ウ**	水上

(2)　この実験で発生した気体は何か，**名称**で答えなさい。

(3)　**表１**をもとにして，マグネシウムの質量(g)を横軸に，発生した気体の質量(g)を縦軸にして，マグネシウムと気体の質量の関係を表すグラフを，解答用紙に書きなさい。

(4)　この実験で用いたうすい塩酸30cm^3と過不足なく反応するマグネシウムの質量は何gか。次の**ア**～**エ**から１つ選び，記号で答えなさい。

ア	0.48	**イ**	0.72	**ウ**	0.84	**エ**	0.96

3 次の【Ⅰ】・【Ⅱ】の問いに答えなさい。

【Ⅰ】 音の性質を調べるために，次の実験を行なった。あとの問いに答えなさい。

実験1 **図1**のモノコードを使って，ことじの左側の弦をはじいて出した音を，オシロスコープを使って観察すると，**図2**のような波形が観察された。波形の横軸は時間，縦軸は振幅を表している。

図1

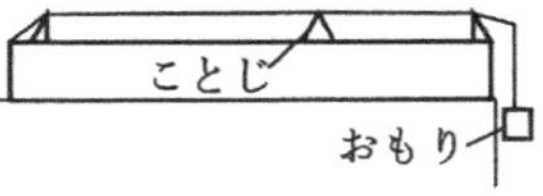

図2

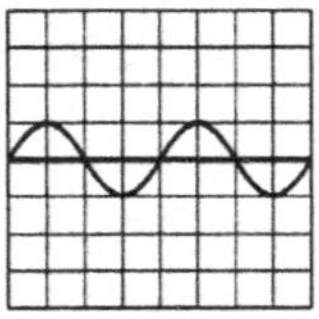

実験2 **実験1**のモノコードは変えずに，弦を**実験1**のときよりはげしくはじいて出した音の波形を観察した。

実験3 音の速さを調べるために，**図3**のように，スピーカーとオシロスコープを68m離して設置した。そして，スピーカーの音を鳴らすと，0.2秒後にオシロスコープで音の波形を観測した。

図3

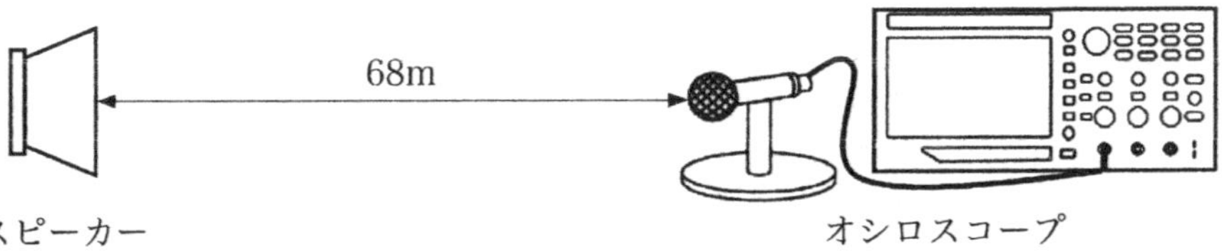

実験4 様々な楽器の音を鳴らし，その波形をオシロスコープで観察した。

(1) **図2**の1目盛りが0.01秒であるとき，**実験1**での弦の振動数は何Hzか，答えなさい。

(2) **実験1**で観察された音より高い音を出すためにはどうすればよいか。次の**ア**～**ウ**から1つ選び，記号で答えなさい。

ア　おもりの数を二つに増やす
イ　モノコードの弦を太いものに変える
ウ　ことじを右側に移動させる

(3) **実験2**で出した音は，**実験1**で出した音と比べて音の変化はどうなるか，答えなさい。また，そのときに観察された波形はどれか，次の**ア**～**ウ**から1つ選び，記号で答えなさい。

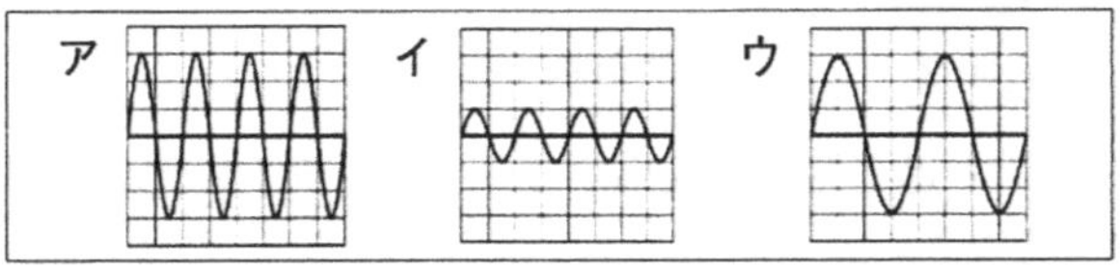

(4) **実験3**の結果より，音の速さは何m/sか，答えなさい。

(5)　**実験4**で同じ高さの音を出す楽器を次の①～④から2つ選び，番号で答えなさい。

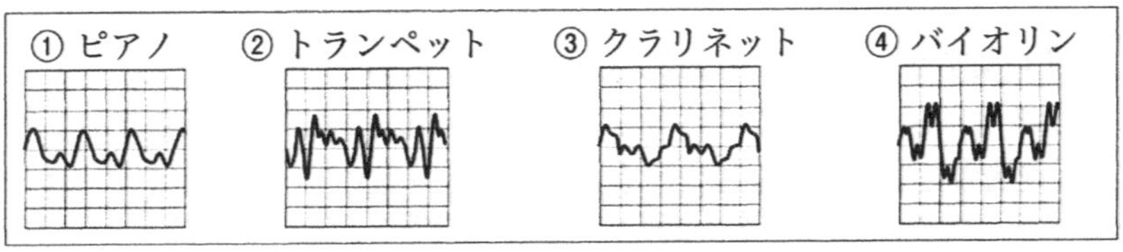

【Ⅱ】　図4のように，600gの鉄でできたおもりをばねAの下端に取り付け，天井からつるすと，ばねAは3cmのびて静止した。あとの問いに答えなさい。ただし，100gの質量にはたらく重力の大きさを1Nとする。

図4

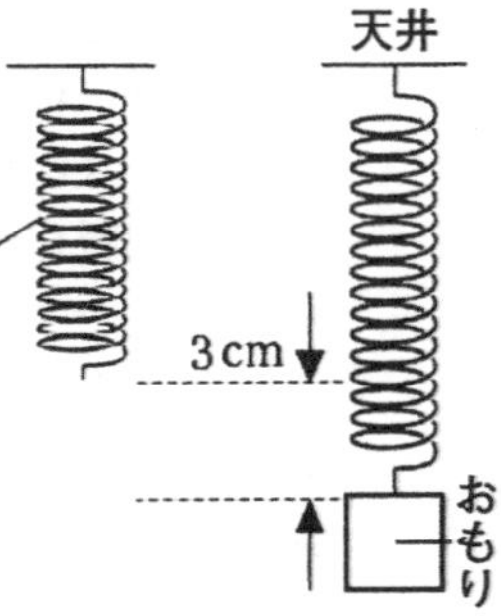

(1)　このとき，おもりにはたらく力の名前をすべて答えなさい。

次に，**図5**のように，**図4**のおもりの下に磁石を置くと，おもりは磁石に引きつけられ，**ばねA**はさらに1cmのびて静止した。

図5

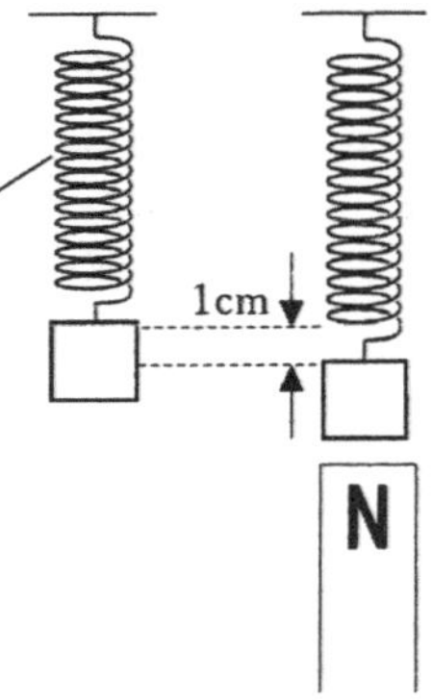

(2)　このとき，**ばねA**がおもりを引く力は何Nになるか，答えなさい。

図4の**ばねA**にもう1つ別の**ばねB**を加えた2つのばねを使って天井からおもりをつるすと，**図6**の状態で静止した。このとき，**ばねB**はもとの長さより6cmのびており，**ばねA**と**ばねB**が天井となす角はそれぞれ60°，30°であった。

図6

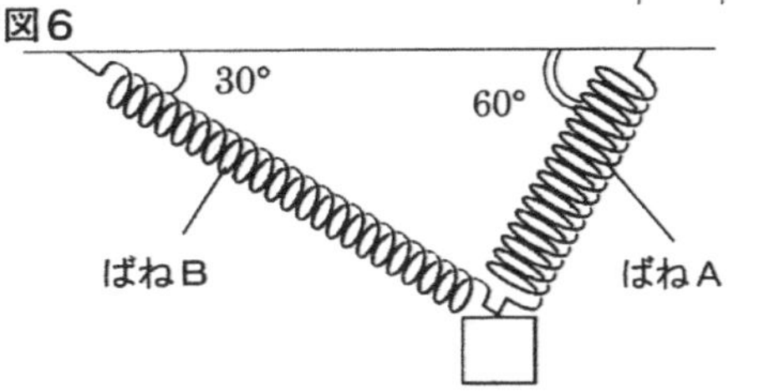

(3)　**図6**のとき，**ばねB**にはたらく力は何Nになるか，答えなさい。

(4)　**ばねA**と**ばねB**にはたらく力とばねののびの関係をグラフに表すと**図7**のようになった。**ばねA，B**を表すグラフはそれぞれ（ア），（イ）のどちらか，記号で答えなさい。

図7

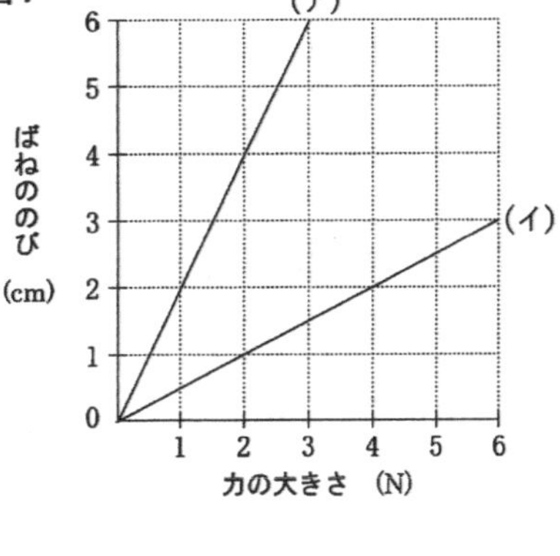

(5)　**ばねA**と**ばねB**でよりのばしやすいばねはどちらか。**A**，**B**の記号で答えなさい。

4　次の【Ⅰ】・【Ⅱ】の問いに答えなさい。

【Ⅰ】　大地の歴史に関する生徒と先生の会話文を読み，あとの問いに答えなさい。

生徒：化石には示準化石と示相化石があると教わりましたが，これらの化石の違いは何ですか。

先生：①示準化石は地層が堆積した時代を知ることができる化石で，三葉虫やアンモナイトなどがあります。示相化石は地層が堆積した当時の環境を知ることができる化石で，サンゴや②シジミなどがあります。

生徒：示準化石をもとに古生代・中生代・新生代に分けることができましたね。ヒマラヤ山脈のような高い山脈で③アンモナイトの化石がたくさん見つかっていることから，ヒマラヤ山脈をつくる地層は［A］にできたんですね。

先生：そうです。ではなぜ海の生物の化石がヒマラヤ山脈のような高い山脈で見つかるのでしょうか。

生徒：プレートの動きに関係がありますか。

先生：ヒマラヤ山脈ができたきっかけは，プレートの動きによって大陸どうしがぶつかったことだと考えられています。陸地が押しよせてきたことで，インドとユーラシア大陸の間にあった海底が大きく押し上げられ，ヒマラヤの山々が生まれました。今もインドは年に5cmほど北上していて，エベレストは毎年数mmずつ高くなっているんですよ。

(1)　下線部①で，この化石の特徴について述べた次の文で正しいものを**ア**～**ウ**から1つ選び，記号で答えなさい。

ア　広い地域で生息しているが，限られた時代だけに生存した生物の化石である。
イ　ある限られた環境でしか生存できない生物の化石である。
ウ　種としての寿命が長いので，現在も生存している生物もいる。

(2)　下線部②で，この化石が見つかった地層は，堆積した当時どのような環境だと考えられますか。次の**ア**～**エ**から1つ選び，記号で答えなさい。

ア　あたたかくて浅い海　　**イ**　やや寒冷で深い海
ウ　海水と河川の水などが混じるところ　　**エ**　火山などが近くにある浅い湖

(3)　下線部③で，アンモナイトはいつの時代の化石と考えられるか。文中の［A］に適する地質時代の区分を次の**ア**～**ウ**から1つ選び，記号で答えなさい。

ア　古生代　　**イ**　中生代　　**ウ**　新生代

(4)　下線部③で，アンモナイトと同じ地質時代の区分の示準化石を次の**ア**～**エ**から1つ選び，記号で答えなさい。

ア　三葉虫　　**イ**　ビカリア　　**ウ**　フズリナ　　**エ**　恐竜

【Ⅱ】 下の表は空気の温度と飽和水蒸気量の値を示したものである。あとの問いに答えなさい。

温度(℃)	0	5	10	15	20	25	30	35	40
飽和水蒸気量(g/m^3)	5	7	9	13	17	23	30	40	51

(1) 気温が30℃で，空気1 m^3あたりに含まれる水蒸気の量が17gのときの湿度は何%か。次のア～エから適当な数値を1つ選び，記号で答えなさい。

ア 43	イ 57	ウ 77	エ 100

(2) (1)の空気の露点は何℃か。次のア～エから適当な数値を1つ選び，記号で答えなさい。

ア 10	イ 15	ウ 20	エ 25

(3) 25℃の空気を冷やすと10℃で水滴ができ始めた。もとの25℃の空気の湿度は何%か。次のア～エから適当な数値を1つ選び，記号で答えなさい。

ア 30	イ 39	ウ 57	エ 74

(4) 32℃で湿度が50%の空気20Lを冷やすと20℃で水滴ができ始めた。32℃の飽和水蒸気量は何g/m^3か。ア～エから適当な数値を1つ選び，記号で答えなさい。

ア 28	イ 30	ウ 32	エ 34

令 和 4 年 度

宮崎第一高等学校入学者選抜学力検査問題

（1月26日　第5時限　13時10分～13時55分）

英　　　語

（普通科・国際マルチメディア科・電気科）

（注　　　　意）

1. 「始め」の合図があるまで、このページ以外のところを見てはいけません。
2. 問題用紙は、表紙を除いて8ページで、問題は7題です。
3. 「始め」の合図があったら、まず解答用紙に出身中学校名、受験番号と氏名を記入し、次に問題用紙のページ数を調べて、抜けているページがあれば申し出てください。
4. 答えは、必ず解答用紙に記入してください。
5. 印刷がはっきりしなくて読めないときは、静かに手をあげてください。問題内容や答案作成上の質問は認めません。
6. 「やめ」の合図があったら、すぐ筆記用具をおき、問題用紙と解答用紙を別にし、裏返しにして、机の上においてください。

問題用紙は持ち帰ってかまいません。

英　語　1

1　次の(1)～(20)の英文の空所に入れるのに最も適当なものを、それぞれあとの選択肢①～④のうちから１つずつ選び、記号で答えなさい。

(1)　(　　　) you like rugby?

①　Are　②　Do　③　Does　④　Were

(2)　A: Are you high school students?

B: No, (　　　) aren't.

①　I　②　you　③　we　④　they

(3)　It is important for (　　　) to get up early.

①　I　②　you　③　we　④　they

(4)　We are (　　　) to see many kinds of animals and plants in Hokkaido.

①　can　②　will　③　able　④　already

(5)　I finished (　　　) the book last night.

①　read　②　reading　③　to read　④　reads

(6)　Yuri was born (　　　) Miyazaki.

①　on　②　for　③　in　④　with

(7)　We can learn how to (　　　) friendly to the earth.

①　become　②　becomes　③　becoming　④　became

(8)　A: Look at the mountain of garbage!

B: (　　　) a waste! You can still use this chair.

①　What　②　Which　③　How　④　Why

(9)　His cat is as (　　　) as yours.

①　big　②　bigger　③　biggest　④　the biggest

(10)　If (　　　) sunny tomorrow, I will play rugby with my friends.

①　it will　②　will be　③　it is　④　it will be

(11) This bag ( ) two years ago.
① is making ② made ③ was made ④ making

(12) Do you know the man ( ) by the tree?
① standing ② sat ③ sit ④ stood

(13) Mash asked me ( ) the box.
① a questions ② some questions ③ opened ④ to open

(14) Let's go ( ) tomorrow.
① to shop ② shop ③ shopping ④ shops

(15) A: I'm not good at playing the piano, Dad.
B: You just have to ( ) practicing. You'll get better soon.
① give ② keep ③ help ④ bring

(16) I have ( ) Mr. Ford for more than four years.
① know ② knew ③ known ④ knowing

(17) My pet dog is ( ) big that it looks like a bear.
① so ② even ③ much ④ over

(18) Dala really wanted to buy the diamond ring, but it was too ( ) for her.
① expensive ② far ③ interesting ④ many

(19) When Judy ( ) home from shopping, she remembered she needed some milk. So she had to go back to the store again.
① brought ② sent ③ returned ④ invited

(20) A: Why are you ( ), Mr. Wood?
B: Because this comic book is so funny! Look.
① driving ② laughing ③ leaving ④ growing

英語 3

2　次の(1)～(5)の日本文に合うように、[　　　] 内の語句を並べかえなさい。そして、２番目と４番目にくるものの最も適切な組み合わせを、それぞれ下のア～エの中から１つずつ選び、記号で答えなさい。
※ただし、文頭にくるべき語句も小文字になっています。

(1) ウッド先生は、今朝、いつもよりたくさんのコーヒーを飲みました。
Mr. Wood [more / drank / usual / coffee / than] .
Mr. Wood ＿＿＿＿ ＿＿＿＿ ＿＿＿＿ ＿＿＿＿ ＿＿＿＿.
↑２番目　↑4番目
ア more - drank　イ coffee - than　ウ more - than　エ drank - more

(2) 私の兄はマイケルからのEメールで嬉しくなりました。
The e-mail [Michael / my brother / from / made / happy] .
The e-mail ＿＿＿＿ ＿＿＿＿ ＿＿＿＿ ＿＿＿＿ ＿＿＿＿.
↑２番目　↑4番目
ア my brother - Michael　イ Michael - my brother
ウ happy - made　エ from - happy

(3) この本には英語の手紙の書き方が載っています。
[this book / how / you / to / tells] write a letter in English.
＿＿＿＿ ＿＿＿＿ ＿＿＿＿ ＿＿＿＿ ＿＿＿＿ write a letter in English.
↑２番目　↑４番目
ア tells - how　イ this book - you　ウ to - how　エ you - to

(4) 私はなぜウッド先生が怒っているのか分かります。
I [angry / why / Mr. Wood / understand / is] .
I ＿＿＿＿ ＿＿＿＿ ＿＿＿＿ ＿＿＿＿ ＿＿＿＿.
↑２番目　↑４番目
ア why - Mr. Wood　イ why - angry　ウ why - understand　エ why - is

(5) あなたの新しい学校はどうですか。
[you / your / do / like / how] new school?
＿＿＿＿ ＿＿＿＿ ＿＿＿＿ ＿＿＿＿ ＿＿＿＿ new school?
↑２番目　↑４番目
ア do - like　イ you - like　ウ you - do　エ like - your

3　次の(1)〜(10)の日本文に合うように、空所に入る適語を英語１語で書きなさい。

(1)　窓を割ったのは誰ですか。

Who (　　　　) the window?

(2)　私はコンピュータ部に所属しています。

I belong to the (　　　　) club.

(3)　目標はそれらの国々で喜んで働く人々の数を増やすことです。

The goal is to increase the number of local people who are willing (　　　　) work in those countries.

(4)　家の近くにコンビニがあります。

There is a (　　　　) store near my house.

(5)　去年の１２月に、彼らは日本に来た。

Last (　　　　) they came to Japan.

(6)　あなたは京都に行ったことがありますか。

Have you ever (　　　　) to Kyoto?

(7)　ハムレットはシェイクスピアによって書かれました。

"Hamlet" was (　　　　) by Shakespeare.

(8)　読書が私の趣味です。

Reading books (　　　　) my hobby.

(9)　ジョン（象の名前）の肌はあまりに固すぎて、注射針が通りませんでした。

John's skin was (　　　　) hard for the needle to go through.

(10)　必ずシートベルトを締めてください。

Be sure to (　　　　) your seat belt.

英　語　5

4　次の(1)〜(5)の各組の英文①と②がほぼ同じ意味になるように、②の空所に入る適語を英語１語で書きなさい。
※ただし、与えられたアルファベットで書き始めること。

(1)

① My father said, “Wash the dishes after you do your homework.”

② My father (t　　　) me to wash the dishes after I did my homework.

(2)

① The news made me surprised.

② I was very surprised (w　　　) I heard the news.

(3)

① Did you enjoy the party?

② Did you (h　　　) a good time at the party?

(4)

① Sarah went to the United States on business, and she hasn’t come back yet.

② Sarah has (g　　　) to the United States on business.

(5)

① Mash is the tallest boy in his class.

② Mash is (t　　　) than any other boy in his class.

【令和四年度】

国語解答用紙

（普通科・国際マルチメディア科・電気科）

出身中学校	中学校
受験番号	
氏名	

㊟ 合計欄・小計欄には何も記入しないで下さい。

合計

※100点満点
（配点非公表）

文字は楷書で丁寧に書いて下さい。

一

問一	
㋐	
㋑	
㋒	け
㋓	える
㋔	

問二	
ⓐ	
ⓑ	

問三	
A	
B	
C	

問四
〜

問五

問六

一・小計

4

(1)	(2)	(3)	(4)	(5)	(6)

(7)	(8)	(9)	(10)	(11)	(12)

(13)	(14)
	→ → → → →

小計	

5

(1)	(2)	(3)	(4)

(5)	(6)	(7)	(8)	(9)	(10)

小計	

6

(1)					
A	B	C	D	E	F

(2)
I
II

(2)			
III	IV	V	VI

小計	

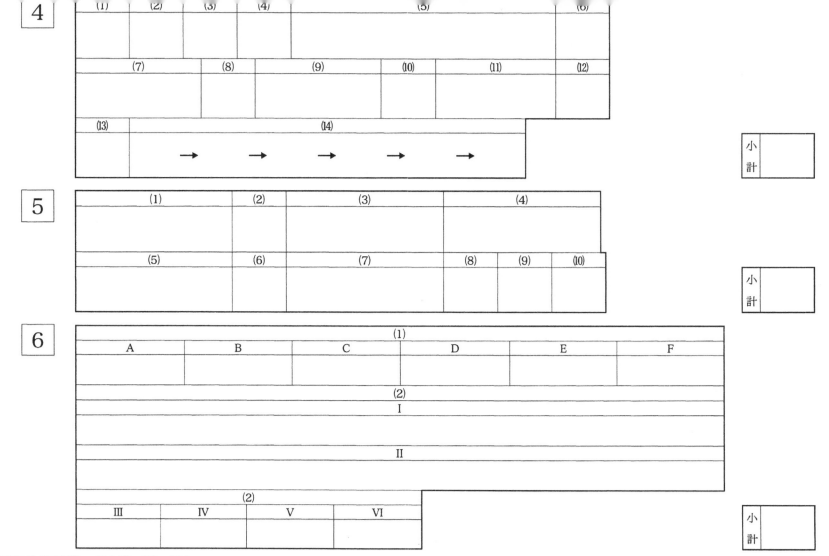

3

(1)		(2)	(3)	(4)
A(　　,　　)	B(　　,　　)			

小計	

4

(1)	(2)	(3)	(4)	(5)
				番目

小計	

5

(1)				(2)				(3)
(ア)		(イ)	cm^3	(ア)	cm	(イ)	cm^3	cm^3

小計	

II	①	②	③
	(4)		

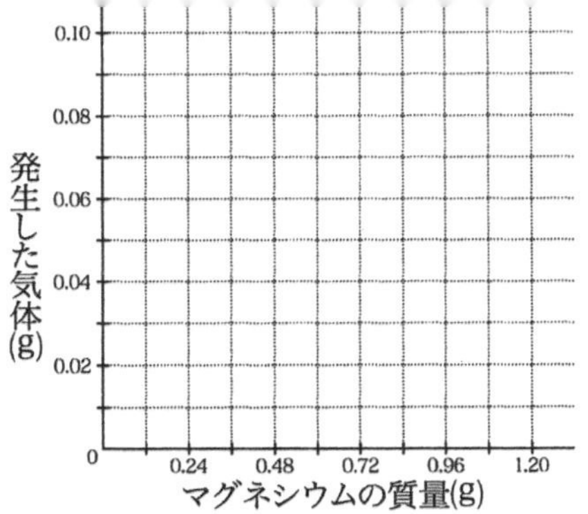

小計	

3

I	(1)	(2)	(3)	
	Hz		音の変化	波形
	(4)	(5)		
	m/s	と		
II	(1)	(2)	(3)	
		N	N	
	(4)		(5)	
	ばねA	ばねB		

小計	

4

I	(1)	(2)	(3)	(4)
II	(1)	(2)	(3)	(4)

小計	

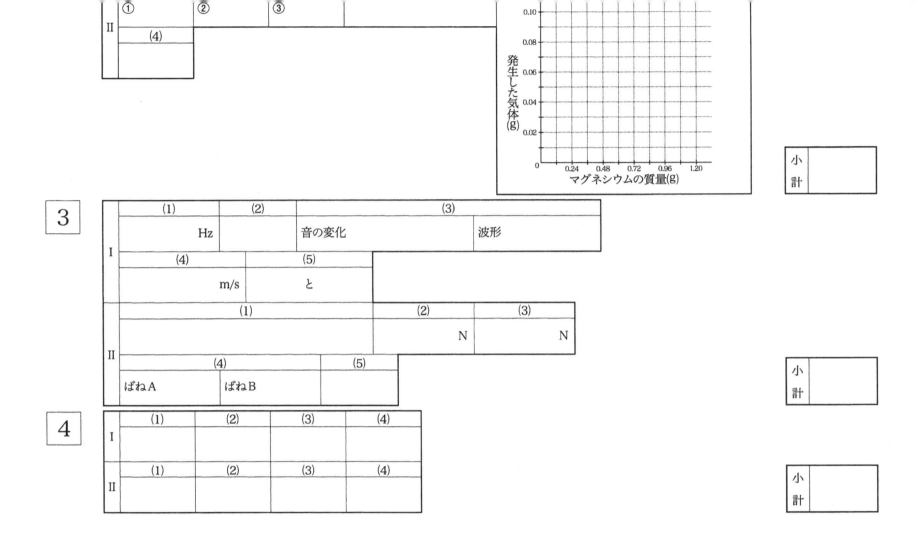

4	(1)	t	(2)	w	(3)	h	(4)	g
	(5)	t						

小計	

5	(1)		(2)	

小計	

6	(1)		(2)		(3)		(4)	
	(5)							

小計	

7	(1)	
	(2)	
	(3)	

小計	

(令和４年度) 英　語　解　答　用　紙 (普通科・国際マルチメディア科・電気科)

出　身 中学校	中学校	受験番号		氏 名	

㊟ 合計欄・小計欄は記入しないでください。

合計	

※100点満点
（配点非公表）

1	(1)		(2)		(3)		(4)		(5)		(6)		(7)		(8)		(9)		(10)	
	(11)		(12)		(13)		(14)		(15)		(16)		(17)		(18)		(19)		(20)	

小計	

2	(1)		(2)		(3)		(4)		(5)	

小計	

3	(1)		(2)		(3)		(4)	
	(5)		(6)		(7)		(8)	

【解答

（令和4年度） **理　科　解　答　用　紙** （普通科・国際マルチメディア科・電気科）

出身中学校	中学校	受験番号		氏名	

㊟　合計欄・小計欄は記入しないで下さい。

合計	

※100点満点
（配点非公表）

1

I	(1)		(2)	
	生殖法	生物		
	(3)	(4)	(5)	
	の法則			
	(6)		(7)	
	丸形　：　しわ形　＝　　　：			
II	(1)		(2)	
	(あ)　　：	(い)　　：		
	(3)			

小計	

2

I	(1)	(2)			(3)	
		①	②	③	④	⑤
	(4)					

【解答

（令和4年度） # 数　学　解　答　用　紙 （普通科・国際マルチメディア科・電気科）

出身中学校	中学校	受験番号		氏名	

㊟　合計欄・小計欄は記入しないで下さい。

合計	

※100点満点
（配点非公表）

〔注意〕
① 答えを分数で書くときは，約分した形で書きなさい。
② 答えに$\sqrt{\ }$を含む場合は，$\sqrt{\ }$の中を最も小さい正の整数にしなさい。
③ 円周率はπとする。

1

(1)	(2)	(3)	(4)	(5)
				$x=$　　,$y=$

小計	

2

(1)				(2)				(3)	(4)
(ア)		(イ)		(ア)		(イ)	人	$\angle x=$　　°	$n=$

小計	

【解答

（令和4年度）社　会　解　答　用　紙（普通科・国際マルチメディア科・電気科）

出身中学校	中学校	受験番号		氏名	

㊟　合計欄・小計欄は記入しないで下さい。

合計	

※100点満点
（配点非公表）

1

(1)					
ア	イ	ウ	エ	オ	カ

(2)		(3)		(4)
エ	カ	厳島神社	石見銀山	

(5)

小計	

2

(1)	(2)	(3)		(4)
		B	C	

小計	

3

(1)					(2)			
ア	イ	ウ	エ	オ	A	B	C	D

(3)	(4)	(5)

【解答

二

問一
㋐
㋑
㋒
㋓
㋔

問二
ⓐ
ⓑ

問三

問四

問五

問六

二・小計

三

問一
ⓐ
ⓑ

問二
ⓘ
ⓘⓘ
ⓘⓘⓘ

問三

問四

問五

三・小計

5　次の広告を読み、下の空所(1)と(2)に入れるのに最も適当なものを、それぞれあとの選択肢①～④のうちから１つずつ選び、記号で答えなさい。

Daiichi Badminton Club Notice

A spring camp will be held for young badminton players.
This five-day camp is from May 1 to 5, and it is for students in grades 3 to 6.

Times:	9:00 a.m. — 11:30 a.m.	Grades 3 and 4
	1:00 p.m. — 3:30 p.m.	Grades 5 and 6
Fee:	$100	
	Everyone will receive a free camp towel.	
Place:	Daiichi Junior High School gym	

Students should arrive 10 minutes before their starting time. On the last day of the camp, a professional badminton player, James Wood, will come to teach the students.

To join, please e-mail Masaru Fujita by April 15.

camp-info@daiichibad.org

(1) Every student who join the camp will (　　　).

① start practicing in the morning
② play badminton with Masaru Fujita every day
③ run for 10 minutes after practice
④ get a free towel

(2) When will a professional badminton player come to the camp?

① On April 15.
② On May 1.
③ On May 3.
④ On May 5.

6 Read the following passage and answer the questions below.

Nanako usually gets up at seven o'clock every morning, but she got up two hours earlier than usual yesterday morning. She planned to fly to Canada in the afternoon. She put a lot of warm clothes in her suitcase, because she heard it was very (　　　) there.

She went to the airport by bus and arrived there at three o'clock in the afternoon. When she opened her small bag to take out her passport, she found she didn't have the key to her suitcase. Then she called her father and asked him to bring the key to her. He jumped into his car with the key. He drove so fast that he could get there before her flight. Nanako was very happy, but her father was very tired.

(注) usual　普段の　　take out　を取り出す　　drove　driveの過去形

(1) What time did Nanako get up yesterday?

She got up at (①　5 o'clock　　②　7 o'clock　　③　3 o'clock).

(2) Choose the best word to fill in the (　　　).

①　hot　　②　warm　　③　cold

(3) How did Nanako get to the airport?

She got there (①　by airplane　　②　by bus　　③　by her father's car).

(4) What did Nanako find at the airport?

①　She lost her passport.

②　Her suitcase was broken.

③　She forgot to bring the key.

(5) Why was Nanako very happy? Answer in Japanese.

7　次の(1)～(3)の日本文に合うように、空所に入る適語を英語で１語ずつ書きなさい。

(1)　姉は部屋の掃除を日課にしている。

(　　　　)(　　　　)(　　　　) sister cleans her room.

(2)　我が家の古いピアノにはいい思い出がたくさん詰まっている。

The (　　　　)(　　　　) in my house (　　　　) a lot of memories.

(3)　この博物館では写真撮影は禁止です。

(　　　　)(　　　　)(　　　　) pictures in this museum.

2022(R4) 宮崎第一高（普・国・電）
K 教英出版